Manfred Fock

Der Schiedsrichter im Fußballsport oder Was heißt hier unparteiisch?

FANGORN

ISBN 3-9803679-5-9

Herausgeber: Manfred Fock
Umschlag: Brot & Spiele-Team
Satz: Suitbert Schönleber, Ingolstadt
Druck: Legoprint, Lavis

Fangorn Verlag
Am Herrnacker 19
D-82276 Adelshofen

„Es ist niemanden gedient, mit einer Zeitlupe immer nachzuweisen,
daß sich jemand geirrt hat."
GERHARD AIGNER, UEFA-Generalsekretär

„Das Wirkliche ist nur ein Sonderfall des Möglichen
und deshalb auch anders denkbar."
FRIEDRICH DÜRRENMATT, Justiz

Inhalt

2. Halbzeit

Anstatt eines Vorwortes

„Sind Sie vielleicht der Carl Koppehel?“

Neben Sepp Herbergers „Der Ball ist rund“ oder „Das nächste Spiel ist das schwerste“ gehört auch heute noch der Ausspruch: „Elf Freunde müßt ihr sein…“ zum Allgemeinwissen eines jeden Fußballinteressierten. Sammy Drechsel, ein (manchmal einsamer) Fußballverrückter und Begründer des legendären FC Schmiere, Rundfunkreporter und Mitbegründer der Münchner Lach- und Schießgesellschaft, schrieb mit „Elf Freunde müßt ihr sein…“[1] eines der schönsten Jugend-Fußballbücher. Darin wird der Weg einer Schülermannschaft beschrieben, die schließlich im Endspiel landet und siegreich den Platz verläßt.

Kein Geringerer als Carl Koppehel (1891–1975) ist der Schiedsrichter, der dieses Berliner Finale zwischen den Wilmersdorfer und Charlottenburger Jugendlichen leitet. „Seine Uhr stelle der Schiedsrichter bei Spielen auswärts nach der amtlichen Bahnzeit, weil diese für alle Uhren maßgebend ist. Dann kann es zu keinen Meinungsverschiedenheiten wegen der Uhrzeit kommen“, schrieb der legendäre Koppehel in dem von ihm verfaßten Standardwerk „Der Schiedsrichter im Fußball“[2]. Dieses wurde von einem ähnlich lautenden Buch von Hans Ebersberger u.a. abgelöst. Daß diese Veröffentlichung keinesfalls mit diesem in Konkurrenz treten will und kann, liegt auf der Hand (geschweige denn in manch einer „Pfeife“).

Mit der veränderten Medienlandschaft und der damit zusammenhängenden „televisionären“ (= inflationären?) Fußball-Berichterstattung

1 Sammy Drechsel: Elf Freunde müßt ihr sein, Stuttgart 1955
2 Carl Koppehel: Der Schiedsrichter im Fußball, Frankfurt 1973

wurde der Schiedsrichter endgültig zu einem latenten Reizthema und hat in der postmodernen Fußball-Unterhaltung seinen festen Platz. Daß Schiedsrichter auf Tricks von Spielern hereinfallen und nicht wenige Zuschauer regelmäßig quasi zum Ober-Schiedsrichter mutieren und Entscheidungen des leitenden Referees mit Pfiffen oder Worten wie „Schwarze Sau“ quittieren, beides gehörte schon immer zum Fußball-Alltag. Aus dem Bundesliga-Tele-Vision-Samstag rutscht der geschulte Ober-Schiedsrichter direkt aus seinem Fernsehsessel und läuft womöglich am Sonntagnachmittag zum Spiel seines Clubs, der irgendwo in der unteren oder oberen fernsehfreien Amateur-Fußballwelt gegen die Kugel tritt. Von der Fernseh-Wirklichkeit derart umnebelt – eine Spielsituation wird in mehreren Sequenzen „verwirklicht“ oder besser: „zerwirklicht“ und verschiedenen Tempi unterlegt – steigt er auf, zum omnipotenten, sprich unfehlbaren „Schiri“.

Er ist bei Schüler- und Jugendspielen ebenfalls präsent. Als Zuschauer ist er sofort an seiner Lautstärke auszumachen. Als Trainer gibt er seinen „Zöglingen“ vor, was diese vom Schiedsrichter zu halten haben, nämlich nichts. Jede zweifelhhafte Entscheidung des Schiedsrichters wird zum Nachteil der eigenen Mannschaft ausgelegt. Den Kindern und Jugendlichen wird so frühzeitig das Feindbild „Schiedsrichter“ vorgezeichnet oder vereinfacht gesagt: An der Niederlage ist im Zweifelsfall immer der Schiedsrichter schuld. Im schlimmsten Fall greifen diese „Lautsprecher“ dann noch selbst im Schüler- und Jugendbereich zur Pfeife und präsentieren sich endlich als *die* pädagogischen „Nullinger“. Über die unstrittige Vorbildfunktion des Schiris und des Trainers gerade im Schüler- und Jugendbereich braucht in diesem Fall dann niemand mehr zu diskutieren oder sich darüber großartig Gedanken machen.

Daß diesen „Schiris“ selbst die einfachsten Regeln nicht geläufig sind, ist jede Woche immer wieder aufs Neue am Spielfeldrand zu beobachten und, um nur eines der zahlreichen Beispiele zu nennen: Die gelb/rote Karte gibt's halt doch erst, wenn der betreffende Spieler vorher die gelbe Karte vom Schiedsrichter präsentiert bekommen hat: An einem Sonntagnachmittag irgendwo zwischen Flensburg und Freilassing oder „Bad Spaibling“...

Genug davon und zurück zu Sammy Drechsel. Mit ihm wollen wir dieses Buch „anpfeifen“, das durchaus auch als eine Werbung für die Ausübung des Schiedsrichteramtes verstanden werden darf... Und dann warten 22 junge Kicker gebannt auf den Anpfiff des legendären Schiedsrichters und Sammy Drechsel schwingt dabei die Feder oder rutscht wieder für einen Moment unruhig auf seinem Reporterstuhl hin und her und reißt wie noch vor nicht allzu langer Zeit die Radiohörer mit einer seiner Live-Reportagen mit...

Es wurde auch höchste Zeit, denn schon erschien der Schiedsrichter in der Kabine.

„In fünf Minuten pfeife ich euch heraus. Am Tunnelausgang bleibt ihr stehen. Dort erhält jeder der Kapitäne einen Ball von mir. Ich darf euch dazu sagen, daß die Stadt Berlin sie als Geschenk für die Endspielmannschaften gestiftet hat."

„Hurra!" riefen die Jungen.

„Und mit welchem von den beiden Bällen werden wir spielen?" fragte Heini.

„Den Spielball habe ich bei mir. Beruhige dich!" sagte der Schiedsrichter lachend. „Hört aber weiter zu. Vom Tunnelausgang lauft ihr nebeneinander auf das Spielfeld. Voraus die beiden Spielführer, die anderen der Größe nach, hinterher. An der Mittellinie wird gestoppt. Bis zum Anpfiff könnt ihr euch dann noch etwas einschießen. Und damit ich's nicht vergesse: Reklamationen seitens der Spieler gibt es nicht. Spielt also anständig. Ich werde jedes kleine Vergehen sofort abpfeifen."

Im Gang trafen sich die beiden Gegner. Die Farben ihrer Trikots hoben sich voneinander ab. Die Wilmersdorfer trugen ihre azurblauen Hemden und weißen Hosen; die Charlottenburger waren in roten Hemden und schwarzen Hosen erschienen.

Heini, der neben dem gefährlichen Mittelstürmer Klappstein stand, fragte:

„Habt ihr nicht bisher immer weiße Hemden gehabt?"

„Habt ihr nicht bisher überhaupt keine Hemden gehabt?" fragte Klappstein zurück. „Und wenn ihr jetzt auf Schalke macht" – er sah auf Heinis blauweißgeringelte Fußballstrümpfe – „dann dürfen wir uns ja erlauben, das Schwarz/Rot des 1. FC Nürnberg zu tragen."

Er zeigte auf sein rotes Hemd.

„Hoffentlich habt ihr die Nürnberger überhaupt schon mal spielen sehen"; parierte Heini. „Von wegen deren Stil!"

„Und ob wir die gesehen haben! Unsere Mannschaft bekam von der Schule Freikarten für das deutsche Endspiel. Das fand hier im Poststadion statt. Die

Nürnberger holten sich gegen Fortuna Düsseldorf die Deutsche Meisterschaft. Damit du's nur weißt."
Heini lachte aus vollem Halse.
„Stell dir vor, das hat sich sogar schon bis zu uns herumgesprochen!"
Als die beiden Mannschaften die Stadiontreppe hinaufliefen, begegneten ihnen die zurückkommenden Pankower und Oberschöneweider Spieler.
„Wie habt ihr gespielt?" fragte Heini im Vorbeigehen.
„3:2 für die anderen", sagte ein Oberschöneweider Spieler. Pankow hatte sich also den 3. Platz der Berliner Schulmeisterschaft gesichert.

Ein ohrenbetäubender Jubel erscholl im Stadion, als die beiden Mannschaften, an deren Spitze der Schiedsrichter, hinter ihm die beiden Spielführer mit ihrem neuen Ball im Arm, auf dem Spielfeld erschienen. Es war nicht anders als bei großen Städte- und Länderspielen, nur daß der Klang aus den jugendlichen Kehlen etwas heller klang.
Heini hatte sich für den Auftritt etwas Besonderes ausgedacht. Auf der Mittellinie angekommen, nahm seine Mannschaft in der Front zur Tribüne Aufstellung und verbeugte sich. Dann wendete sie exakt und machte die zweite Verbeugung nach der anderen Stadionseite. Diese Begrüßung, die Heini den Italienern in ihrem 2:2-Spiel gegen Deutschland abgeguckt hatte, hatte damals auf ihn mächtigen Eindruck gemacht. Jetzt ernteten er und seine Mannschaft damit einen Sonderapplaus. Über die Gesichter der Erwachsenen huschte beim Anblick der in der Mitte ausgerichteten neun gleich großen Spieler, die an einem Ende von ihrem um einen Kopf kleineren Spielführer und am anderen von dem ebenso kleinen Matze eingerahmt wurden, ein Lächeln.
Während die Mannschaften mit ihren Bällen zu den Toren liefen, um sich einzuschießen, rief der Schiedsrichter die beiden Spielführer zu sich.
Er nannte seinen Namen.
„Koppehel."
Der Charlottenburger Spielführer gab ihm die Hand.
„Helmuth Hummel."
Heini hätte beinahe vergessen, „Kamke" zu sagen. Und kaum hatte er seinen Namen heraus, da fragte er auch schon:
„Sind Sie vielleicht der Carl Koppehel?"
„Ja, hast du was dagegen?"
„Nein", beeilte sich Heini zu versichern. „Aber ich habe zu Hause ein Fußballbuch von Ihnen."

„Na, hoffentlich hast du es schon mal allen Mitspielern zu lesen gegeben. Dann bin ich ja heute überflüssig, wenn du das ‚Regelbuch für die Jugend' meinst."
Er lachte gutmütig und hielt ein Geldstück hoch.
„Zahl oder Adler?"
Hummel antwortete:
„Adler!"
Koppehel warf das Geldstück in die Luft. Alle drei sahen gespannt auf die Stelle, auf der es im Rasen landete.
„Adler liegt oben, Charlottenburg hat die Wahl!"
Der Schiedsrichter machte eine einladende Handbewegung.
„Wir spielen mit Sonne und Wind im Rücken", sagte Hummel fachmännisch.
„Aber nur in der 1. Halbzeit, wenn ich bitten dürfte", parierte Heini. Die drei mußten herzlich lachen.
Während die beiden Mannschaften zu den Toren eilten, ertönte aus den Lautsprechern die Bekanntgabe ihrer Aufstellung.
Der Augenblick, in dem Koppehel das Endspiel anpfiff, war von einem überwältigenden Getöse der Tuten und Sirenen erfüllt. Heini berührte als erster den Ball. Er schob ihn zu Matze, und damit hatte das Spiel begonnen."

Anpfiff!

Manfred Fock

1. Halbzeit

Manfred Fock

Josef Paintner – ein bayerisches Schiedsrichter-Unikum: „I bin scho amoi in den Arsch tretn wordn."

Vor genau 55 Jahren leitete der heute 75jährige Josef Paintner sein erstes Fußballspiel. Austragungsort war der Wehrmachtsstützpunkt Cannstatt/Stuttgart. An besondere Vorkommnisse in der Begegnung zwischen Luftwaffe und Infanterie kann sich Josef Paintner heute nicht mehr erinnern. Dieses Spiel fand am Tag der Wehrmacht statt und hätte es damals einer gewagt, gegen eine Schiedsrichterentscheidung zu protestieren, dann hätte derjenige weder eine gelbe noch rote Karte erhalten, nein, er hätte vielmehr mit einer Ausgangssperre von bis zu sechs Wochen rechnen müssen. „Das war von daher", so Paintner, „einfach zu pfeifen". Er wurde in Cannstatt zum Fallschirmspringer ausgebildet und schaffte es bis zum Oberjäger. Daß er noch heute aus seiner Kriegszeit mit gesundheitlichen Schäden konfrontiert ist, ist freilich ein anderes Thema. Doch daß gerade seine heute noch sporadischen Einsätze als Schiedsrichter (vornehmlich bei Spielen der Alten Herren oder im Freizeitfußball) helfen, seine gesundheitlichen Beschwerden etwas zu lindern, bringt er genauso lapidar auf den Punkt wie viele andere Anekdoten, die er in seinem idyllisch gelegenen kleinen Häuschen in Schöngeising zum Besten gibt.

Krampfadern

„Weil i im Kriag bei de Fallschirmspringer war, hab i seither Krampfadern im Fuaß und von Zeit zu Zeit, wenn's recht warm is, dann hab i Schwierigkeiten und hab Durchblutungsstörungen. Und de Krampfadern laß i mir in meim Alter nimma rausmacha. Jedsmoi wenn i wieder a Spui pfeif', dann hab i vierzehn Tag, drei Wocha, mei Ruah. Mir warn da zwoa, drei Monat in de Stiefeln samt dem Dreck dringstandn und san aus dene net rauskemma und dann warns wieder naß und dann wieder trocken. Da hättst du die Stiefel fast aufschneiden müssen. Die Socken warn richtig vermodert und verfilzt und g'stunken haben die wia no amoi was.“ (Ich war im Krieg bei den Fallschirmspringern und habe seitdem Krampfadern in den Beinen und von Zeit zu Zeit, wenn es recht warm ist, dann habe ich damit Schwierigkeiten und habe Durchblutungsstörungen. Aber die Krampfadern lasse ich mir in meinem Alter nicht mehr herausnehmen. Jedesmal wenn ich dann ein Spiel pfeife, habe ich wieder vierzehn Tage, drei Wochen, meine Ruhe. Wir hatten zwei, drei Monate die gleichen Stiefel an und sind mit samt dem Dreck dringestanden und nicht mehr rausgekommen und dann waren die Stiefel wieder naß und trocken. Da hätte man die Stiefel fast aufschneiden müssen. Die Socken waren richtig vermodert und verfilzt und haben unglaublich gestunken.)

Schiedsrichter Josef Paintner in den 50er Jahren

Nach seinem ersten Schiedsrichter-Kurs und einigen Spielen bei der Wehrmacht war es mit der Laufbahn als Schiedsrichter erstmal zu Ende. Nach vier Jahren als Fallschirmspringer, zuletzt in Italien, fanden die oben erwähnten Stiefel dann wohl eine sinnvollere Nutzung und landeten samt Kriegsende auf dem Müllhaufen – und dem der Geschichte. Im gleichen Jahr, also 1945, absolvierte Josef Paintner seinen zweiten Schiedsrichter-Lehrgang mit Erfolg: Diesesmal aber als Zivilist und bei dem landkreisbekannten Viktor Zins in Dießen am Ammersee. Bis 1947 war er dann noch als Torwart in der 2. Mannschaft der SpVgg. Wildenroth aktiv. Danach gab es für ihn nur noch eine Funktion im Fußballsport und das war die des Schiedsrichters.

Aufgrund der unseligen Kriegsereignisse war der Alltag für die Bürger und Bürgerinnen des Landkreises Fürstenfeldbruck oft von Widrigkeiten begleitet, die für einen heute lebenden jungen Zeitgenossen meist nicht mehr nachzuvollziehen sind. Der Großteil der Bahnverbindungen war unterbrochen, Brücken waren gesprengt, Strom gab es nur stundenweise und die Lebensmittelkarten waren zur damaligen Zeit obligatorisch. Trotz, oder gerade ob dieser Schwierigkeiten hatte der Fußballsport seinen festen Platz in dieser Zeit. Zwar mußten bisweilen einige Strapazen in Kauf genommen werden, seien es lange Fußwege zu den betreffenden Fußballplätzen oder die Kontrollen der Siegermächte und „wenn es dann einmal per Automobil (mit Holzgaser) zu dem betreffenden Spielort ging“, so Josef Paintner, „haben wir zum Beispiel beim Echinger Berg alle aussteigen und schieben müssen und oben hat man gewartet bis das Gas wieder erzeugt wurde und dann hat man wieder fahren können. Und dann ging's halt weiter in einem LKW ohne Sitz und Plane“. Ein Spiel zu pfeifen, war oft mit einer Tagesreise verbunden. „Nach Dießen gingen wir zu Fuß. Wenn ein Spiel in Prittriching anstand, fuhren wir mit dem Zug bis nach Geltendorf und von dort marschierten wir nach Prittriching. Das waren hin und zurück zirka 38 Kilometer. Zum Glück gab es den Omnibus „Hagen“ von Inning. Der fuhr die Vereine und hielt immer an, packte uns in den vollbesetzten Bus und nahm uns, soweit er gerade meine Strecke fuhr, mit.“

Ein „Bestechungsfall“

Apropos Prittriching. Hier erlebte Paintner seinen ersten „Bestechungsfall“ als Schiedsrichter. Mit seiner Frau und drei Kindern betrat er an einem Sonntagmittag das Vereinslokal. Auf seine Frage, ob es was zum Essen gebe, meinte der Wirt: „Mir haben nix“. Darauf Paintner: „Sie, ja horchen's amoi. I muaß heut' Schiedsrichter machen!“ Der Wirt: „Ja, dann wolln ma mal schaun“. Familie Paintner wurde schließlich großzügig bedient. Er war damals noch sehr unerfahren, meint Paintner weiter, und als sich dann der Wirt neben ihn gesetzt habe und in ein Gespräch verwickelte, nahm der „Bestechungsskandal“ seinen Lauf. „Ja wissen s',

Herrsching is' an erster Stelle und wir san Letzter. Heut' wern ma doch amoi gwinna (Sie wissen ja, Herrsching ist auf dem ersten Platz und wir sind Letzter. Heute werden wir doch auch einmal gewinnen), hat der Wirt gemeint", so Paintner und er sei so naiv gewesen und habe seinem Gegenüber folgendes erwidert: „Die san an erster und ihr an letzter Stelle. Ja dann werds ihr heut' a net gwinna" (Die sind auf dem ersten und ihr auf dem letzten Platz. Tja, dann werdet ihr heute auch nicht gewinnen). Mit dem Schlußpfiff und der Niederlage des Tabellenletzten Prittriching trat dann wieder der Wirt in Aktion. „Der hat scho in der Wirtschaft g'sagt, daß mir verlieren", meinte er in Richtung Zuschauer. Samt Kinderwagen ergriff daraufhin Josef Paintner (mit tatkräftiger Unterstützung der Herrschinger) die Flucht vor den aufgebrachten Zuschauern.

Trotz aller Hindernisse und Unwägbarkeiten und eines anstrengenden Fußmarsches stand Josef Paintner anpfiffbereit auf Fußballplätzen, mit Toren ohne Netze, auf Plätzen, die eher zum Schlittenfahren geeignet waren (wie der in Dünzelbach) als zum Fußballspielen. So kam es vor, daß inmitten eines Spielfeldes Strommasten standen oder ein Fußweg den Anstoßkreis durchquerte. Vereinsheime, heute selbstverständlich, gab es nicht. Ganz zu schweigen von Flutlicht oder Waschmöglichkeiten. Dieses etwas *andere* Fußballidyll wurde dann nicht selten von freilaufenden Hühnern abgerundet. Diese gackerten, freilich jeglicher Fußballregel enthoben, während des Spieles neben oder zwischen den Fußballerbeinen. Fußballschuhe hatten die wenigsten.

Für drei Ster Buchenholz, so Paintner, habe er 1945 ein Paar Fußballschuhe von den Amerikanern bekommen. Ansonsten durften die Spieler am Spiel nur mit Schuhen teilnehmen, an denen „vorne keine Platterl, hinten kein Eisen und seitwärts keine Nägel" angebracht waren. Mit derart uneinheitlichem Schuhwerk ausgestattet traten die Spieler meist gegen einen mit Schnüren gebundenen und hart aufgepumpten Lederball. Ging diesem dann die Luft aus, sei das Spiel beendet worden, da kein Ersatzball zur Verfügung gestanden habe, fügt Paintner schmunzelnd hinzu und meint hinsichtlich der Ausrüstung: „Mir Schiris hatten weiße Hosn und a weißes Hemd. Mir waren also alles andere als schwarze Lumpen."

Mit Wecker und Kirchturmuhr

Mitunter gab es dann Fußballplätze, die sich glücklicherweise in der Mitte des Ortes und folglich in der Nähe der Kirche befanden. Das war für Josef Paintner von großem Vorteil. Er konnte so die Spielzeit via Kirchturmuhr kontrollieren. Wenn ihm diese örtlich bedingten Gegebenheiten nicht zur Verfügung standen, kam ihm seine Frau zu Hilfe. Diese war meistens, wie auch seine Kinder, bei den Spielen dabei. Im Kinderwagen befand sich ein Küchenwecker, der zu Beginn und am Ende jeder Halbzeit klingelte. Dieses *Weckerläuten* sollte Josef Paintner jedoch fast einmal zum Verhängnis werden. In einem Spiel zwischen Eching und Inning, Paintner hatte inzwischen eine Armbanduhr zur Verfügung, war diese stehen geblieben. Schließlich klingelte der Wecker im Kinderwagen. Das Spiel war aus. Zuschauer und Spieler hätten dann, so Paintner, reklamiert, daß noch fünf Minuten zu spielen seien. Er aber blieb bei seiner Entscheidung. Die Echinger, die das Sportgericht bemühten, mußten sich sagen lassen, daß die Spielzeit eine Tatsachenentscheidung ist.

Zwischen Acker und Autobahn

Bevor Josef Paintner zum Schiedsrichter-Obmann der Ammersee-Gruppe gewählt wurde, gab er ein Zwischenspiel beim TSV 1860 München. Die Sechziger nahmen damals mit ihrer kompletten Elf in Türkenfeld an einem Pokal-Turnier teil. Da kein Schiedsrichter zur Verfügung stand, sprang er ein. Der anwesende Schiedsrichter-Obmann Kienzle hat ihn dann überredet, zu den Sechzigern zu gehen. Er habe dann in München Spiele geleitet. Dies waren meist Jugendspiele und Spiele in den unteren Klassen, vornehmlich im Münchner Westen. Seine Fußballheimat aber blieb freilich der Landkreis Fürstenfeldbruck. Als Schiedsrichter-Obmann vertrat er bisweilen recht unkonventionelle Ansichten. „Ich habe viele Schwierigkeiten gehabt. Ich bin auf dem Standpunkt gestanden, wenn ich heute den Führerschein mache und die Prüfung bestanden habe, kann ich auch auf jeder Straße fahren. Da kannst du nicht zu einem sagen, du hast den Führerschein knapp bestanden, du darfst nur auf dem Acker fahren und zu dem andern, du darfst auch auf der Autobahn fahren. Und ich war der Meinung – was eigentlich nicht richtig ist – wenn ich als Schiri die Prüfung bestanden habe, dann darf der Mann nicht nur ein Schüler- und Jugendspiel pfeifen, sondern dann darf der auch mal ein C-Klassen-,

B-Klassen- oder A-Klassen-Spiel pfeifen. Und dies haben mir die im Verband dann klargelegt, daß es so nicht geht. Aber mir war das Wurscht. Wenn es dann nicht geklappt hat, dann war es halt nix. Die Chance dort zu pfeifen hat er auf jeden Fall von mir bekommen. Das habe ich dann, wie gesagt, nicht mehr machen dürfen. Das ist mir vom Verband abgelehnt worden.“ Unter der Ägide von Josef Paintner schafften einige Schiedsrichter den Aufstieg in höhere Klassen. Den Steglich von Moorenweis, den Gebhard von Wildenroth oder den Kinscher von Penzing habe er alle nach München in die Amateurliga reingebracht, erinnert er sich. „Und das“, berichtet Paintner stolz, „war für die Ammersee-Gruppe was Großes, nachdem ja aus München über 100 Schiedsrichter in dieser Klasse gepfiffen haben.“

Vor einem ganz anderen Problem stand Josef Paintner, wenn es um die Einteilung der Schiedsrichter für die Spiele ging. Vergleichbar mit heute, wo es oft nicht nur in Bezug auf die Qualität sondern ebenso an einer ausreichenden Anzahl von Schiedsrichtern mangelt, war es auch für ihn oft schwierig, Schiedsrichter rechtzeitig einzuteilen. Oftmals sei eine Einteilung eines Schiris schon daran gescheitert, weil dieser gesagt habe, zu diesem Verein wolle er nicht hinfahren. Hinzu kam das Problem der Mobilität. Die meisten hatten damals kein Auto. Am Montag habe er dann die entsprechenden Spiele an die Schiris weggeschickt mit der Folge, daß am Mittwoch die ersten Absagen eingetroffen sind. Seine Frau habe ihn dann in der Arbeit angerufen. Ein Telegramm ging dann an einen anderen Schiri und in dem ganzen Durcheinander konnte es dann schon passieren, daß am darauf folgenden Spieltag auf einem Platz zwei Schiedsrichter waren und beim anderen Spiel gar keiner. Während seiner Zeit als Schiedsrichter-Obmann leitete er ebenso die Lehrgänge sowie die Ausbildung angehender Schiedsrichter und gab regelmäßig Regelunterricht in den Vereinen. Daß dieser heute nicht mehr durchgeführt wird, findet Paintner gerade für den Fußballsport in den unteren Klassen abträglich. Regelkunde im Verein erachtet er als notwendig. „Vielleicht wollen die Trainer das auch gar nicht und haben eine ganz andere Auffassung darüber. Die Trainer drillen die Mannschaft und das ist selbst in den unteren Klassen heute oft nur noch ein Geschäft. Der Fußball ist erst einmal eine Körperertüchtigung. Heute aber heißt's von Seiten des Trainers ‚Geh nur hi aufn Mann und packn‘ und wenn es früher SpVgg. Wildenroth geheißen hat, dann waren das lauter Wildenrother. Heute aber sind in der Mannschaft einige Neger und einige Ausländer und dann ist noch einer aus Windach und ein anderer von Moorenweis dabei.“ In der Welt eines Josef Paintner stoßen solche Entwicklungen eher auf Unverständnis. Diese Entwicklungen sind freilich nicht aufzuhalten und ob es wünschenswert wäre, steht auf einem ganz anderen Blatt. Tatsache ist, daß das Schiedsrichteramt gerade vor diesem „internationalen“ (manche bemühen das Wort „multikulturell“, aber sei's drum) Hintergrund mehr Verantwortung erfordert. Das sogenannte und meist von den außenstehenden „Nicht-Schiedsrichtern“ respektive Zuschauern verlangte „Fingerspitzengefühl“ im Umgang mit den Spielern ist (wie so oft) gerade in diesem Zusammenhang leichthin gesagt, wie schwer es aber ist erhitzte Gemüter (verschiedener Nationalitäten) wieder zu beruhigen, ist Wochenende für Wochenende landauf landab zu beobachten.

Ebenso was die oben erwähnten Entwicklungen angeht, hat Josef Paintner auch für die gerade in den vergangenen zwei Jahrzehnten eingesetzte „Regelflut“ nur wenig Verständnis. „Es war halt früher so. Da hat es zum Beispiel die gelbe Karte nicht gegeben. Da bin ich zu dem Spieler hingegangen und habe zu diesem gesagt: Geh, das laßt bleiben. Das war eine Ermahnung. Und das zweite Mal bin ich zu dem hin und habe ihn verwarnt. Beim dritten Mal hat er dann vom Platz müssen. Das war nicht so wie heute. Da müssen erst zwei oder drei ins Krankenhaus gefahren werden, bis der Schiri einen rausstellt. Für mich ist es nur um die Gesundheit der Spieler gegangen. Wer gewinnt, war unwichtig. Wenn ich gesehen habe, der lauft ihm nach und haut ihm in die Haxn (Beine) rein, dann hat er marschieren müssen, und das ohne vorherige Verwarnung. Und das hat früher auch gefruchtet. Im Sportgericht Ammersee haben wir eine Kartei gehabt, da waren alle drin, die rausgestellt worden sind. Und der hat dann nicht 14 Tage Sperre bekommen, wenn er schon dreimal dran war. Der hat dann halt acht Wochen bekommen. Solche Leute schaden dem Sport und wenn man sich vorstellt, der Gefoulte ist verheiratet, hat seine Arbeit und hat dann den Haxn ab oder sonst was, dann verstehe ich manche Entwicklungen überhaupt nicht und habe wie gesagt, dafür auch kein Verständnis. Früher war es halt auch so, wenn einer den Ball absichtlich hinausg'haut hat, dann hat man – und das war damals so gültig – gesagt, paß' auf Freund, du gehst jetzt raus und holst den Ball und wenn du es nicht machst, dann schaust zu. Ja, wie schnell der dann gelaufen ist und den Ball geholt hat.“ Einen wesentlichen Unterschied stellt er darüber hinaus nicht nur in der Regelauslegung, die seiner Meinung nach für beide Seiten einfacher nachzuvollziehen war, fest, sondern auch im Umgang der Mannschaften und der einzelnen Spieler untereinander. „Da hat es das nicht gegeben wie heute, daß dann gesagt wird: Wart' nur bis daß du zu uns kommst, dann mache ich dich fertig. Früher sind die zwei Spieler in die Wirtschaft gegangen, haben ein Bier miteinander getrunken und die ganze Sache war dann wieder aus der Welt geschafft." Die sogenannte heutige Härte hat also mit einer solchen sogenannten gesunden nur wenig beziehungsweise gar nichts zu tun. Die Ursachen, warum Konflikte heute anders „geregelt" werden, haben sicherlich auch soziale wie gesellschaftliche Gründe. Josef Paintner glaubt im „Geld" das Hauptübel für oben erwähntes Verhalten zu sehen. „Heute geht es fast nur um's Geld. Wenn man früher verloren hat, hat man nicht soviel Trara gemacht. Natürlich ist es da genauso um Punkte gegangen. Doch wenn du dir so manche Trainer anschaust und dann geht mal ein schneller Stürmer durch, dann heißt es meistens : Packn g'scheit und laßn net vorbei. Mein Gott, wenn der Stürmer schneller war, dann hat der halt das Tor geschossen und die Mannschaft hatte halt verloren. Das jedenfalls gibt's so heute nicht mehr."

Über seinen „erzwungenen Abgang" als Schiedsrichter-Obmann verliert Josef Paintner nicht viel Worte. Über die Art und Weise scheint er noch immer etwas verbittert zu sein und gibt, wie bereits zuvor zu verstehen, daß er mit der Funktionärs-Welt noch nie viel am Hut hatte. Immerhin hatte er das Amt des Schiedsrichter-Obmanns nahezu zehn Jahre inne, mit all den beschriebenen Schwierigkeiten, die ein solches Amt mit sich bringt. „Als ich aufgehört habe, hatte ich ein Zerwürfnis mit dem Spielgruppenleiter Rasinger. Der wollte die Ammersee-Gruppe auflösen und mit Schongau vereinigen. Dazu muß man wissen, daß es die Ammersee-Gruppe bereits vor dem Krieg und lange vor den anderen Gruppen gab. Ich bin dann zu den Vereinen und habe für den Weiterbestand der Ammersee-Gruppe geworben. Daraufhin gab es Schwierigkeiten mit dem Kreisspielleiter und ich war nicht mehr tragbar", so Paintner. „Der Ober sticht halt den Unter", stellt er dazu lapidar fest und: „Die Ammersee-Gruppe ist nicht aufgelöst worden, aber der Paintner hat gehen müssen. Die haben mich damals halt zur Sau gemacht."

Ein Eckball und zwei Ohrfeigen

Daß Josef Paintner in seiner 50jährigen Laufbahn als Schiedsrichter mitunter mit schwierigen Situationen konfrontiert wurde, lag – nicht nur was den nachfolgenden Vorfall betrifft – manches Mal auch auf und – in der Hand. „Während eines Spieles im Winter, es hatte 30 Zentimeter Neuschnee, traf mich der Ball an der Hand und die Pfeife war weg. Eine Pfeife mit Schnur hatte ich nicht. Die Pfeife konnte nicht mehr gefunden werden. Das Spiel wurde trotzdem fortgesetzt." Oder ein weiterer Vorfall, der beinahe zu einem Spielabbruch geführt hätte. „Bei einem Spiel in Utting", so Paintner weiter, „hatte ich meine zwei Buben, der eine fünf und der andere sechs Jahre alt, mitgenommen und am Spielfeldrand hingesetzt, während ich das Spiel leitete. Ich bemerkte, daß sich die beiden mit Gras und Dreck bewarfen und ich konnte nicht eingreifen. Zum Glück gab es Eckball. Diese Gelegenheit nutzte ich. Ich gab beiden eine Ohrfeige und wollte das Spiel weiter leiten. Plötzlich kamen die Zuschauer auf mich zu und griffen ein. Ich hatte Mühe, ihnen zu erklären, daß es meine Kinder waren, sonst wäre es mir wahrscheinlich schlecht ergangen. Das Spiel stand jedenfalls wegen diesem Vorfall kurz vor einem Spielabbruch." Diese beiden unvorhergesehenen Spielvorfälle stehen natürlich in keinem Regelwerk für Schiedsrichter und finden sich weder in den Prüfungsunterlagen der Jahre 1955 oder 1995[3].

Für Neulinge die das „Schiedsrichterhandwerk" erlernen wollen, hat Paintner freilich einige wichtige Tips parat. „Derjenige, der nie Fußball gespielt hat, der weiß zum Beispiel nicht, wie manche offenbar harmlose Attacken weh tun können. Ich habe selbst Fußball gespielt und weiß das. Da kann jemand seine Prüfung noch mit der Note 1 ablegen, auf dem Spielfeld aber ist er eine Null." Josef Paintner würde jedem, der einmal selbst Fußball gespielt hat, dazu raten, das Schiedsrichteramt auszuüben. Der sei mit den Regeln bereits einigermaßen vertraut und der könne eher ein guter Schiri werden. Dies brauche aber alles natürlich seine Zeit. So sollten die Vereine bereits in der Jugend anfangen, wenn zum Beispiel einer mit dem Fußballspielen aufhört. In diesem Zusammenhang kritisiert er noch einmal die Vereine, die sich, was die Schiedsrichterabstel-

3 Siehe in diesem Buch unter: Der große Regeltest.

lung angeht, offenbar nicht selten aus der Verantwortung nehmen. „Dies war schon früher so. Die Vereine haben *nur* Fußball gespielt. Haben einen Trainer gehabt, einen Ballwart, einen 2. Vorstand und einen Kassier. Alles haben sie gehabt. Und einen Schiri? Null! Ich hab zu den Vereinen dann gesagt: Daß euch jeden Sonntag ein guter Schiedsrichter zugeteilt wird, das erwartet ihr schon. Aber daß ihr selber einen meldet, der an einem Lehrgang teilnimmt und sich zum Schiedsrichter ausbilden läßt, nein, das passiert nicht!" Im gleichen Atemzug beschreibt er die Rolle des Schiedsrichters, in zwei Sätzen, komprimiert und denkbar einfach mit folgenden Worten: „Schiri kann im Prinzip jeder machen. Da hast a Pfeiferl und dann pfeif' i." Diese eher vereinfachte Beschreibung des Schiedsrichteramtes deckt freilich nur die grundlegenden Voraussetzungen physischer wie materieller Art ab. Was darüber hinaus geht, das Auftreten gegenüber den Mannschaften sowie den einzelnen Spielern, die Vermittlung der Regeln, das konsequente Durchgreifen und letztendlich die Erfahrung, welche erst im Laufe der Jahre entstehen kann, dies alles kann einem die reine Theorie freilich nicht vermitteln.

Gefürchtet und geliebt

Auch Josef Paintner ist es passiert, daß ihm ein Spiel aus den Händen glitt, aber für ihn gab und gibt es einige Richtlinien, an die sich gerade auch Schiri-Neulinge orientieren können. Lasch anfangen und dann anziehen, das ginge nicht, so Paintner kategorisch. Die Spieler müßten gleich wissen, was los sei. Dies sei auch seine Linie gewesen. Auch ihm sei es natürlich schon passiert, daß ihm ein Spiel „aus der Hand genommen" worden sei. Dann hätten die Spieler gesehen, daß du gutmütig bist und haben sich was erlaubt. Dann wird das Spiel in der Regel hektisch und sie haben dir in kürzester Zeit den Schneid abgekauft. Ihm ist es vor allem um die Gesundheit der Spieler gegangen und während seiner aktiven Zeit als Verbandsschiedsrichter hieß es nicht selten: „Paintner? Um Gotteswillen. Der kimmt?" Sagt nichts, hat es dann geheißen und manch ein Trainer hat zu einem seiner Spieler gesagt, daß es besser sei, wenn er sich gleich umziehe und für ihn ein anderer spiele. „Ich habe dann schon mal nachgefragt und dann bekam ich zum Beispiel folgendes zu hören: „Ja mei, sagt der Trainer, der kanns Mei net haltn, der tuat nur reklamieren. Und des kann er bei dir net machen. Dann is der gleich draußen und mir müaßn mit zehn Mann spuin." (Tja, sagt der Trainer,

Über 50 Jahre war Josef Paintner als Schiedsrichter aktiv.

der kann den Mund nicht halten, der reklamiert nur. Und das kann er bei dir nicht machen. Der ist bei dir gleich draußen und wir müssen mit zehn Spielern spielen). Respekt hatten also so manche Trainer, wenn es hieß, der Paintner kommt. Selbstkritisch fügt er aber dann doch hinzu, daß er ebenso Fehler gemacht habe. Trotzdem kam es dann zum Beispiel zu Spielen wie in Walleshausen. Die Walleshausener hatten den Paintner beileibe nicht in guter Erinnerung. Im Laufe seiner Zeit als Schiedsrichter hatte er sieben Spieler der Walleshausener des Feldes verwiesen. Anläßlich eines Jubiläumspieles gegen Scheuring wollten sie ihn unbedingt als Schiedsrichter verpflichten. Obwohl er bereits seit 32 Jahren in Schöngeising wohne, so Paintner, sind sie nach Wildenroth (seinem früheren Wohnort) gefahren. Nach einer halbtägigen Suche hatten sie dann ihren „Lieblingsschiedsrichter" gefunden. Einer qualitativ zuverlässigen Leitung des Spiele stand also nichts mehr im Wege.

Sein größter Kritiker sei seine Frau gewesen. Gleichzeitig habe sie alles mitgelernt und ihm in organisatorischen Dingen viel Arbeit abgenommen und war, so weit es sich mit ihrem Beruf als Hebamme vereinbaren ließ, bei jedem Spiel dabei. „Wir waren 48 Jahre verheiratet. Bei uns hat es kein anderes Problem gegeben als den Fußball am Samstag oder Sonntag." Der obligatorische sonntägliche Kirchgang, so Josef Paintner, fiel dann schon mal aus, wenn der Spielort zu weit entfernt war. Wie bereits erwähnt, ging es zu den Spielen meist mit dem Kinderwagen und per Fuß. Neun Kinder wuchsen mit ihren fußballbegeisterten Eltern auf und der Kinderwagen diente, wie wir bereits wissen, nicht nur für die

Kinder, sondern auch für einen Wecker oder für Proviant. „Ich war Zimmerer und Maurerpolier und habe Samstag und Sonntag nicht arbeiten müssen. Da habe ich, im Gegensatz zu manch anderen, Zeit gehabt zu pfeifen. Für uns und die Kinder war ein Spiel praktisch ein Tagesausflug." Schließlich kommt er auf die damaligen „Aufwandsentschädigungen" pro Spiel zu sprechen. „Wenn es nach Prittriching ging gab es 16 Mark. Und das war für die damalige Zeit für uns viel Geld." 1955 erhielt er für ein Spiel in Windach neun Mark, in Fürstenfeldbruck DM 3,50 und in Moorenweis fünf Mark. Paintner: „Für diese Geldbeträge fährt dir heute keiner mehr dorthin".

Schwalben, Radis und Zeitlupen

Die sogenannten „Schwalben" gibt es, seit Fußball gespielt wird. Ausgestattet mit *ran*-Tele-Vision, trat auch der Moralist auf die Fußballbühne. Jener, seit jeher der Vision nachhängend, seine Moral sei die einzig wahre (oder wahrhaftige?). Ja – will er gar einen ganz „normalen" Menschen, sprich Fußball-Bundesligaspieler, zu einem moralisch integeren Wesen „erziehen"? An dessen hochgestrecktem Zeigefinger scheiterte zuletzt ein „Schwalbenfreund" namens Andy Möller, dieser Un-Sportsmann. Wie der Fußballinteressierte auch immer zu Herrn Möller stehen mag, wie gesagt, die „Schwalben" im Fußball gab es schon immer. Der Gelackmeierte aber ist seit Existenz der immer mehr ausufernden „Tele-Vision-Zeitlupen-Wirklichkeit" der Schiedsrichter. Ein Josef Paintner mag da verständnislos mit dem Kopf schütteln. Zum Bundesliga-Schiri hat es nie gereicht, aber Ambitionen in dieser Richtung hatte er sowieso nie. Zur „Möller-Schwalbe" fällt ihm dann gar nicht soviel ein. Klar, dies sei unfair, aber das gab's ja schon immer und „ich habe in meiner Zeit Fälle gehabt, da habe ich einen Elfer gegeben und dann ist der Spieler zu mir gekommen und hat gesagt, daß ihn sein Gegenspieler gar nicht angelangt habe und ich das verkehrt gesehen habe. Dann hab' ich die Entscheidung eben zurückgenommen." So einfach war das – damals, und es sei hier noch einmal betont: Für einen Josef Paintner, der dieses Amt nicht unbedingt als Berufung ansah, sondern in *einer* Profession ausübte, die ihm letztendlich den Spielraum ließ, solche Entscheidungen zurückzunehmen. Hier wird Souveränität sichtbar, die manchem Schiedsrichter (gleich in welcher Klasse er sein Amt ausübt) im heutigen Fernseh-Wirklichkeits-Fußball-Zeitalter bisweilen abzugehen scheint.

Mit der heutigen Fußballberichterstattung hat Josef Paintner nicht viel am Hut. Er hätte überhaupt nichts dagegen, wenn die „Zeitlupendinger" ganz abgeschafft würden. Für Urteile hält er sie genauso wenig geeignet und dem Schiedsrichteramt gegenüber für mehr als abträglich. „Du als Schiedsrichter mußt ja sofort entscheiden. Du kannst dich nicht bequem hinhocken und dir das alles noch einmal in Hundertstel Sekunden anschauen. Der Schiedsrichter wird dadurch nur verunsichert und den neunmalklugen Fußball-Fernsehzuschauer vom Samstagabend hast dann auch noch spätestens am Sonntag vor dir, der glaubt, daß er es mit seiner Zeitlupenerfahrung eh alles besser sieht."

In diesem Zusammenhang verweist Paintner explizit auf den „größten bayerischen Torhüter" aller Zeiten: Petar Radenkovic. Der war nicht nur für seine plötzlichen Ausflüge über das gesamte Spielfeld bekannt und berühmt, nein, der hatte auch Eigenschaften, die ihm im heutigen Fußball die Rote Karte – womöglich spätestens via TV – eingebracht hätten. „Wenn du früher bei de Sechziger den Radi g'sehen hast, wenn der nausganga is, dann is der Gegenspieler weita gflogn wia da Boi. So hat der den Spieler umg'haut. Der hat wegmüssen. Dös is doch net richtig. Zum Glück is' aber meistens nix passiert" (Wenn du früher den Radi bei 1860 München gesehen hast, wenn der aus seinem Tor rausgelaufen ist, dann ist der Gegenspieler weiter geflogen als der Ball. So hat der den Spieler umgerissen. Der hat weg müssen. Das ist doch nicht richtig. Zum Glück ist aber meistens nichts passiert). Dies sei aber – und auf diesen Punkt kommt er immer wieder zu sprechen – auch eine Aufgabe des Trainers, den Spielern ein faires Spielverhalten zu vermitteln und es kann wohl nicht der Sinn des Fußballsportes sein, wer jetzt die stärkeren Knochen oder den härteren Schädel hat. „Oan derwischts immer. Aber des muaß net sei" (Einen erwischt es immer. Aber das muß nicht sein), meint er dazu abschließend.

Ein Tritt in den ...

...ja, wohin? Der geneigte Leser wird es erahnen – wohin. Josef Paintners Geschichten aus seinem Schiedsrichterleben sind mittlerweile Anekdoten aus einem vergangenen, „wirklichen" Leben. Schmunzelnd erzählt er seinem Gegenüber daraus. Sein spitzbübischer Blick überdeckt dann die „Ernsthaftigkeit" eines solchen „Gschichtls" und in seinem vollmundigen Bayrisch fängt er dann auch den letzten Zuhörer ein, der sich womöglich darüber verwundert zeigt, wie zum Beispiel über einen „wirklichen" Vorfall im oberbayerischen Geltendorf. „I bin scho mit der Funkstreifn hoam gfahrn wordn. Da hat mia oaner in Geltendorf an Tritt in Arsch gebn. Da bin i bewußtlos wordn. Dös war a Zuschauer von Geltendorf. Der war besoffen. Bei der Bahn war der. Und i hätt a vom Verband a Freigabe kriagt. I hättn so dann privat verklagen kenna. Und der war grad' im Aufstieg g'wesen bei der Bahn. Und während i im Krankenhaus war, is' halt dem sei Frau zu meiner Frau kemma. Und die zwoa Weiber ham des dann halt geregelt. Und dann hab i a Abfindung kriagt, a paar hundert Mark oder sowas. Dann hab i mei Klage zrückzogn. Und dann war Schwamm drüber. Des is a ganga." (Ich bin auch schon mit der Funkstreife heim gefahren worden. Da hat mir jemand einen Tritt in den Hintern gegeben. Da bin ich bewußtlos geworden. Dies war ein Zuschauer aus Geltendorf. Der war betrunken. Der hat bei der Bundesbahn gearbeitet. Und ich hätte auch vom Verband eine Freigabe bekommen und hätte ihn dann verklagen können. Der hatte gerade eine Beförderung bei der Bundesbahn vor sich. Und während ich im Krankenhaus war, hat dessen Frau meine Frau besucht. Und die zwei Frauen haben die Angelegenheit dann erledigt. Ich habe dann eine Abfindung bekommen. Das waren ein paar hundert Mark. Ich habe dann meine Klage zurückgezogen. Dann war das erledigt.)

Und dann war da noch der Vorfall in Kaufering. Eine Mannschaft kam mit einem LKW zum Spiel angereist. Wie üblich kontrollierte Josef Paintner die Pässe vor dem Spiel. Jene wurden dann von seiner Frau im Kinderwagen aufbewahrt. Nach dem Spielende und nochmaliger genauer Durchsicht der Pässe habe er bemerkt, daß in einem Paß ein Geburtsdatum ausradiert und ein neues eingesetzt und das Bild ausgewechselt worden war. Als Paintner dann den Spieler zur Rede stellen wollte und ihm erklärte, er müsse den Paß einbehalten und an den Verband schicken, wurde ihm der Paß aus der Hand gerissen. Der betreffende Spieler habe dann den Paß in „lauter kleine Fetzen" zerrissen. So konnte freilich nichts mehr bewiesen werden. Kommt Josef Paintner einmal ins Erzählen, ist er nicht mehr zu bremsen. Originalton Josef Paintner:

„Bin i mit der Frau nach Mering. Sama abends in so a Tanzlokal ganga. Kimmt zu mir oana her und sagt:

‚Du, di kenn i.'

Sag i: ‚I kenn di net.'

‚Ja, kennst mi net?'
‚Na, woher soll i di kenna?'
‚Ja, du Hund du dreckata', hat der g'sagt, ‚du hast mi amoi nausgstellt'.
‚Ja, wo denn?'
‚In Landsberg! Und du hast damals scho a Virgina g'raucht, und des kannst nur du sei.'
Aber, hat der weita g'sagt, des is eigentlich scho so lang her und du hast recht g'habt. Aber i war damals so narrisch. Weil mi hat bis dahin no koana nausgstellt, und du hast des fertigbracht."

Dieses „Treffen" zwischen einem „Richter" und einem „Verurteilten" zeigt uns noch einmal, daß dieses „Bayerische Schiedsrichter-Unikum" prekären Situationen – sei es auf dem Fußballfeld oder im „richtigen" Leben – nie aus dem Weg ging und sie meistens zu lösen wußte. Darüber hinaus sah er aber auch die menschliche Seite im fehlerhaften Verhalten der Spieler und bewahrte sich vor allem eines: seinen Humor.

Aron Schmidhuber

Der Schiedsrichter muß wieder mehr respektiert werden

Aron Schmidhuber ist mit dem Fußball groß geworden. Im Alter von zehn Jahren begann er beim FC Bayern mit dem Fußballspielen. Sechs Jahre später wechselte er zum FC Sportfreunde München. Seine aktive Fußball-Laufbahn beendete der gebürtige Münchner in der A-Klasse beim TSV Brunnthal. Bereits während dieser Zeit begann er mit dem „Schiedsrichtern" in einem Alter, in dem die heutige junge Garde von Schiedsrichtern bereits auf dem Sprung in die Bundesliga ist. Ein Gespräch mit dem Mann, der in den späten 80ern und frühen 90ern zu den renommiertesten deutschen Schiedsrichtern zählte.

Ihre Schiri-Laufbahn begann für heutige Maßstäbe ungewöhnlich spät?

Ich war 26 Jahre alt, wollte aber im Fußball irgend etwas weitermachen. Ich habe damals den Trainingsschein für den Übungsleiter 1 gemacht und einen Schiedsrichterkurs. Das Schiedsrichtern ist mir besser gelegen und ich bin dann verhältnismäßig schnell weitergekommen. Im zweiten Jahr schaffte ich den Aufstieg in die Bezirksliga. In dieser Liga setzt das sogenannte Beobachtungssystem ein. 1980 habe ich dann mein erstes Bundesligaspiel Uerdingen gegen Bielefeld, gepfiffen. Auf der FIFA-Liste erschien ich 1982.

Welche Ratschläge würden Sie Schiri-Neulingen mit auf den Weg geben?

Ich war von Anfang an energisch. Ich war sicherlich nicht der, der da groß in Small-Talk gemacht hat. Ich habe mich nicht lange auf Diskussionen eingelassen. Meine Erfahrung hat mir gezeigt, daß zuviel Reden nicht viel bringt. Wenn die Spieler auf der Siegerstraße sind, dann kannst du mit ihnen mal eine Flachs machen. Verlieren sie und du machst einen Flachs, dann sind sie negativ eingestellt. Grundsätzlich kann die Regeln jeder auswendig lernen, aber deswegen kann derjenige noch lange nicht pfeifen.

Ich bin der Meinung, es kann nicht schaden, wenn der Schiedsrichter selbst einige Jahre Spielpraxis als Fußballer hat, weil er dann in aller Regel ein besseres Spielverständnis hat. Wenn ich heute sehe, daß die mit 16 Jahren schon anfangen oder teilweise noch früher, dann können sie nicht lange gespielt haben. Die Möglichkeit einer großen Spielpraxis hat man heute leider nicht mehr, wenn man als Schiedsrichter weiterkommen will.

Sie sind Schiedsrichterbeobachter. Skizzieren Sie bitte kurz einige Kriterien nach denen der Schiedsrichter beurteilt wird.

Der Trend geht dahin, und das ist auch in der Spitze so, daß nicht mehr allein die Beobachtung entscheidend ist, sondern man reduziert die Schiedsrichter in der Spitze, um die Qualität zu verbessern. Man kennt natürlich seine Schiedsrichter und wird nicht nur nach diesen Beobachtungen entscheiden lassen. Der DFB-Schiedsrichterausschuß mit dem Lehrstab zusammen weiß wie gut seine Schiedsrichter sind. Es wird dann über einzelne Fehlleistungen mit den Betreffenden geredet und man wird ihn im Zweifelsfall auch mal aus dem Verkehr ziehen, wenn da mal eine krasse Fehlentscheidung gefallen ist. Derjenige pausiert mal ein Spiel. Aber es wird nicht mehr so sein, daß einer, der eine Spitzennote von 46 oder 47 im Durchschnitt hat, deswegen unbedingt absteigt. Auch wenn ein anderer um eine Zehntelnote besser ist, würde man tauschen können, wenn man der Meinung ist, der erstere ist der Bessere. Man legt sich auf diese Bewertungen in der Spitze beim DFB jetzt nicht mehr exakt fest.

Haben sich die Anforderungen an den Schiedsrichter im Vergleich zu früher geändert?

Der Schiedsrichter ist von einem absoluten Freizeit-Sportler mittlerweile zu einem Topleistungssportler geworden.. Das Spiel ist schneller und athletischer geworden. Analog dazu muß der Schiri beweglicher – körperlich wie geistig – als früher sein. Das Aussiebeverfahren ist insgesamt gesehen kritischer geworden. Ein wichtiges Hilfsmittel sind dabei auch die Medien wie zum Beispiel das Fernsehen. Die Möglichkeiten der

„Zeitlupe“ sind auch für uns nutzbar, nicht um den Schiedsrichter permanent zu kritisieren, sondern einfach um auch aufzuzeigen, was er falsch macht und was er daraus lernen kann.

Wird – nicht zuletzt aufgrund der veränderten Medienlandschaft – mehr Druck auf den Schiedsrichter ausgeübt oder nicht?

Ich habe das nie als Druck empfunden. Wenn einer etwas gefragt hat und ich wollte nichts sagen, dann habe ich auch nichts gesagt. Grundsätzlich geht es um eine positive Berichterstattung. Die Medien können natürlich Politik machen. Wenn zum Beispiel eine große deutsche Boulevard-Zeitung schreibt: „Der hat uns betrogen!“ wird das halt nun einmal von der breiten Masse geglaubt. Und derjenige Schiedsrichter wird dann womöglich die nächste Woche lang durch die Stadt rennen und jeder, der ihn erkennt, sieht in ihm den „Betrüger“. Das ist sicherlich nicht die feine Art, aber damit mußt du wohl heute als Schiedsrichter, der im Rampenlicht steht, leben.

Gibt es seitens des DFB für die Schiris eine regelmäßige Unterrichtung im Umgang mit Medien?

Wir laden die Medien grundsätzlich zu den Lehrgängen ein. Wir haben jetzt auch so eine Art Pressesprecher und einen Verantwortlichen für die Medien, den Herrn Ebersberger. Aber es ist eben wie bei den Journalisten: es gibt bessere und schlechtere – im Umgang, im Gespräch. Der eine ist cleverer und weiß sich besser mit seinem Gegenüber auseinanderzusetzen. Abgesehen davon: Wenn heute einer höherklassig pfeift, sollte er auch in der Lage sein, sich einigermaßen mediengerecht „verkaufen“ zu können.

Wo liegen für Sie die Grenzen der Beweisführung durch Fernsehbilder?

Wenn im laufenden Spiel der Schiedsrichter etwas nicht sieht, dann ist es in der Regel auch vorbei. Das sagt die FIFA ganz deutlich. Wenn nach dem Schlußpfiff z.B. einer zuschlägt und dies wird per Kamera festgehalten, dann kann das auch verfolgt werden. Im großen und ganzen bin ich der Meinung, daß man die Schiedsrichterentscheidung akzeptieren sollte.

Beschreiben Sie Ihren Anspruch an einen Profischiedsrichter.

Ich verstehe unter einem Profi einen Schiedsrichter, der sich professionell verhält, das heißt, daß er sich vorbereitet und regelmäßig trainiert. Es wird also das nicht mehr geben, daß einer untrainiert zu einem wichtigen Spiel kommt. Die Lehrgänge sind ausgedehnt und konzentrierter gemacht worden, es werden spezielle Themen ausgesucht. Es wurden Trainingslager eingeführt, Halbzeittagungen durchgeführt und an Wochenenden Spiele beobachtet und anschließend mit den Schiedsrichtern analysiert. Es soll eine CD-Rom für Schiedsrichter entstehen, das heißt, die neuen Medien werden herangezogen, um das Lehrwesen zu verbessern. Ein professioneller Schiedsrichter ist da, wenn er zum Pfeifen gebraucht wird und sagt von zehn Spielanträgen nicht fünf ab, weil er nicht da sein kann. Wie er das mit seinem Arbeitgeber unter einen Hut bringt, ist sein Problem.

Was verdient ein Schiedsrichter in der Bundesliga?

Der Bundesligaschiedsrichter erhält jetzt 2500 DM für ein Spiel. Das muß als Honorar versteuert werden. Nur: durch das Geld werden wir nicht besser, das ist ganz klar. Andererseits bin ich der Meinung, daß der Schiedsrichter entsprechend entlohnt werden muß. Da ist einfach mal der Stellenwert ganz anders. Der Stellenwert des Schiedsrichters soll gehoben werden, was jetzt mit der entsprechenden Bezahlung der Fall ist. Es gibt Bestrebungen, diese Entlohnung wieder etwas zu erhöhen. Die extrem hohen Bezahlungen von Spitzensportlern sind jedoch kein Thema.

Bis zu welchem Alter kann ein Schiedsrichter im Profifußball aktiv sein?

Der DFB hat die Altersgrenze von 47 Jahren, die FIFA von 45 Jahren. Ich habe bis zum letzten Jahr keine Probleme gehabt da mitzuhalten. Es wird welche geben, die eben mit 40 Jahren schon nicht mehr mitkommen und dann gibt es welche, die mit 50 Jahren noch mitkommen würden. Ich konnte damit sehr gut leben, daß Schluß war. Ich war 14 Jahre lang Bundesligaschiedsrichter und pfiff 12 Jahre lang internationale Spiele. Ob ich jetzt ein Jahr mehr oder weniger dabei war, hat mir keine Probleme gemacht. Letztendlich muß jeder selbst wissen, wann für ihn Schluß ist.

Welche Regeländerungen der letzten Jahrzehnte sehen Sie als sinnvoll an?

Die Zuspielregel zum Torwart, das heißt, daß er den Ball nicht mehr mit der Hand aufnehmen darf. Das hat das Spiel schneller gemacht. Auch die Regelung, daß der verletzte Spieler nicht mehr am Platz behandelt werden darf – es sei denn es handelt sich um eine schwere Verletzung oder ähnliches – ist sinnvoll, weil eben alles schneller weitergeht. Früher wurde viel mehr palavert. Der Spieler hat sich Eis draufsprühen lassen und wollte im Endeffekt nur Zeit schinden.

Wir haben einen Mangel an Schiedsrichtern im Fußballsport.

Wir haben einen Schiedsrichtermangel in der Breite, das heißt im Jugendbereich und im Bereich der unterklassigen Mannschaften. In der Spitze haben wir sicher keinen Mangel. Wir haben jetzt eine große Kampagne gehabt, die auch vom DFB unterstützt worden ist. Die hat uns eine ganze Menge an Schiedsrichtern gebracht. Nur man muß immer wieder dazu sagen, daß uns die Masse alleine nichts nützt. Wir müssen auch darauf achten, daß wir die Qualität im unteren Bereich und hier speziell im Jugendbereich verbessern. Im Jugendbereich kann man eine ganze Menge „versauen". Lassen Sie heute einen Vater pfeifen und zum Spielende hin wird es eng, dann pfeift der in aller Regel jeden Meter für seinen Buben, der da mitspielt.

Die Akzeptanz des Schiedsrichters hängt mitunter auch von gesellschaftlichen Entwicklungen und den damit veränderten Norm- und Wertvorstellungen ab. Der Schiedsrichter zeigt Grenzen auf und für Jugendliche die einen Mannschaftssport betreiben kann dies eine sehr wichtige Erfahrung sein.

Richtig. Dies ist ein ganz wesentlicher Punkt!

Der Schiedsrichter hat im Jugendbereich auch eine erzieherische Aufgabe. Er ahndet zum Beispiel Fehlverhalten.

Der Schiedsrichter hat sicherlich auch eine Vorbildfunktion. Wenn ich zu einem Spiel von Jugendlichen oder Schülern hingehe, dann rede ich mit dem Spieler, wenn er den Einwurf falsch gemacht hat, auch wenn das eigentlich die Aufgabe des Trainers ist. Aber ich sage ihm halt: Du mußt stehen bleiben! Das brauche ich zu einem 18jährigen nicht mehr sagen,

Aron Schmidhuber: „Im Jugendbereich kann man eine ganze Menge ‚versauen'."

weil der das können muß. Aber im Schülerbereich kann das nicht verkehrt sein, denn die spielen ja aus Spaß an der Freude. Sicherlich wollen die auch gewinnen und Meister werden, aber ich glaube, da ist es noch angebracht. Im anderen Bereich ist es sehr schwer. Hier ist Hilfestellung nur im Umgang, in der richtigen Ansprache, in der entsprechenden Behandlung möglich.

Sicherlich gibt es auch bei mir einen Unterschied, ob ich zur Weltmeisterschaft fahre oder ob ich ein Jugendspiel mit zehn Zuschauern am Sportfreundeplatz pfeife. Schon allein von der Anstrengung und der psychischen Belastung her. Aber es ist letztendlich genauso ein Fußballspiel wie jedes andere auch und die Regeln sind die selben und ich muß es genauso konzentriert und gewissenhaft leiten wie jedes andere auch.

Hat sich das Verhältnis zwischen den Schiedsrichtern und den Verantwortlichen der Vereine verändert?

Die Fußballregeln kann man eben immer von verschiedenen Seiten sehen. Ich sage immer: das beste Beispiel ist ein Ausball, der nach einem Preßschlag ins Aus geht. Kein Mensch weiß dann eigentlich, wer Einwurf hat, aber der Schiedsrichter muß eine Entscheidung treffen. Derjenige, der den Einwurf nicht bekommt, wird mosern. Es gibt Grenzfälle, bei denen man sagt: „Das muß ich halt hinnehmen!" Ich habe den Eindruck, daß die Entscheidungen des Schiris generell nicht mehr so hingenommen werden, wie es früher der Fall war.

Wo ein Trainer ist, wo eine Vorstandschaft ist, die positiv auf ihre Spieler einwirken und sie anhalten, den Schiedsrichter in Ruhe zu lassen, dann spielen und verhalten die sich auch weitgehend so. Und hier ist der Hebel anzusetzen. Der Schiedsrichter ist in einem Fußballspiel als 23. Sportler anzuerkennen, der sein Bestes geben will. Manche sagen ja schon vornherein: „Der ‚Schwarze' ist sowieso ein Blinder, ein Hungerleider und armer Schlucker, am liebsten würden wir ohne ihn spielen, den brauchen wir gar nicht!" Der Fußball soll uns doch allen Spaß machen. Wenn ich eine wichtige Person permanent untergrabe, dann untergrabe ich auch mein eigenes Spiel. Ich kann einem damit vielleicht persönlich weh tun, ich mache damit aber mein Spiel auch kaputt. Vielleicht haben Sie das auch einmal erlebt: Sie spielen am Sonntag Fußball und kein Schiedsrichter kommt. Was das für ein Chaos ist, bis man bloß einmal einen findet, der das machen will. Da reißen sie alle, die drin sitzen im Verein, die Schnauze *so* groß auf und dann drücken sie sich bis zum geht nicht mehr! Daß gemotzt wird, wenn es einen umstrittenen Elfmeter gibt und einer verliert, das wissen wir alle und das versteht auch der Schiedsrichter.

Konnten Sie in Ihrer internationalen Laufbahn feststellen, daß der Schiedsrichter in anderen Kulturen oder Nationen einen anderen Stellenwert hat?

Es ist schon ein Unterschied ob du in Amerika oder in Katar in Asien pfeifst. Wenn du einen Japaner pfeifst, dann hast du den eigentlich nur mal scharf angesprochen und er bleibt stehen und macht gleich einen Knicks. Der Respekt vor dem Schiedsrichter ist in solchen Ländern ein ganz anderer. Die Disziplin ist in Japan, überhaupt in Asien und auch in Italien z.B. eine anerzogene Geschichte und viel größer. In Italien gehen die Spieler vielleicht mal kräftig hin, aber sie reklamieren nicht soviel wie bei uns. Wie ich bereits gesagt habe, muß der Schiedsrichter auch bei uns wieder mehr respektiert werden und die Medien und vor allem die Vereine und Trainer können dazu einen wichtigen Beitrag leisten.

Beschreiben Sie den sogenannten „kleinlichen Pfeifer".

Die Definition kann ich Ihnen ganz genau sagen. Wenn ich ein Spiel beginne und ich merke, die wollen heute nicht spielen sondern treten, dann muß ich das unterbinden. Wenn z.B. einer einem anderen von hinten hineinrennt und ich pfeife dreimal ab, dann geht das so weiter. Es haut ja einer den anderen nicht in der 1. Minute gleich von hinten total um, dann wäre es einfach: Platzverweis oder Verwarnung. Das geht ja so los: Zuerst einmal rennt ein Spieler einen anderen praktisch körperlich über den Haufen oder er bedrängt ihn pausenlos. Dann pfeife ich ab. Dann geht er das nächste Mal weniger ran, dann pfeife ich noch mal ab und beim dritten Mal wieder. Dann sagt der Trainer ihm: „Du, heute haben wir keinen Blinden, da kannst Du nicht hingehen!" Das heißt, ich habe demjenigen meinen Stil vermittelt und ihm signalisiert, daß er nicht hineingehen kann wie ein Wilder, sondern daß er den Spielmacher heute in Ruhe läßt.

Damit habe ich das Spiel in den ersten zehn Minuten durch das kleinliche Pfeifen so in den Griff genommen, daß die Fußball spielen. Wenn ich sehe, daß sie das kapiert haben, kann ich etwas großzügiger sein. Ich muß dann rechtzeitig wieder reagieren. Das ist eine Frage der Philosophie. Der eine sagt: „Ich lasse Dich erst mal machen und greife erst ein, wenn Du 'reingehauen hast!". Es ist immer schwerer, ein Spiel auf den fairen Weg zurückzubringen, wenn die Spieler erst einmal mit dem „Holzen" angefangen haben. Mein Stil war immer, von vornherein die Grenzen eng zu ziehen. Ich jedenfalls bin damit immer gut gefahren.

Jeder Schiedsrichter hat so seine ‚Kandidaten' im Kopf notiert und...

...ich muß jedem Spieler wieder eine Chance geben. Ich kann doch nicht sagen: „Das ist der Maier, der tritt sowieso zu!" Aber man kennt natürlich seine Pappenheimer, das ist ganz logisch. Ich kann einfach nur sagen, daß das situationsbedingt ist. Ich kann keinen besonders positiv hervorheben, ich möchte auch keinen besonders in die Pfanne hauen. Derselbe Spieler, der sich in einem Spiel benommen hat wie ein Schwein, war im nächsten Spiel wahnsinnig nett, weil er gewonnen hat! So sind sie halt. Sicher gibt es ein paar, die ein bißchen mehr Niveau haben und nicht gleich wegen jedem Einwurf motzen und es gibt andere die motzen wegen jedem Käse. Deswegen möchte ich jetzt gar keinen besonders hervorheben. Du meinst, das ist ein besonders netter Spieler und im nächsten Spiel benimmt er sich, wie wir in Bayern sagen, „wie Sau".

Erinnern Sie sich an Ihr erstes Spiel?

Mein erstes Spiel war die Begegnung zwischen Rotweiß Tölz und Schaftlach. Ich hatte natürlich ein mulmiges Gefühl. Ein wenig Lampenfieber vor Spielbeginn habe ich als Schiedsrichter immer gehabt. Übrigens: ich habe immer gesagt, daß ich da aufhöre wo ich angefangen habe. Mein letzte Partie, die ich als Schiedsrichter leitete hieß wieder Tölz gegen Schaftlach.

Gibt es ein Spiel über das Sie sagen, das habe ich total verpfiffen?

Von den großen Spielen ist mir jetzt keines in Erinnerung. Das heißt nicht, daß ich nicht in der Kritik gestanden habe. Es hat sicherlich in einer unteren Klasse Spiele gegeben, die nicht so optimal gelaufen sind, aber an ein Spiel kann ich mich noch recht gut erinnern. Ich habe einmal die Reservemannschaft für den FC Sportfreunde gepfiffen und da hat mein bester Spezl mitgespielt und dem habe ich drei Tore annulliert. Der hat mich daraufhin eine Woche lang nicht mehr angeschaut.

Peter Loder

Von der grauen Theorie in die harte Praxis

Was Eiskunstläufer mit Fußball-Schiedsrichtern gemeinsam haben? Bei beiden hängt der sportliche Werdegang maßgeblich von (unberechenbaren) menschlichen Entscheidungen ab. Sind es auf dem kalten Parkett die Punktrichter, so fühlen sich auf dem Rasen einige von Ihresgleichen aufs Glatteis geführt, wenn alljährlich sogenannte Beobachter das Zeugnis über ihren höherklassigen Amateur-„Kameraden" ausstellen. Schon allein dieser Umstand, daß Gleichgesinnte über Gleichgesinnte ein Urteil fällen, prägte den Begriff der „schwarzen Mafia". Daß der nicht aus der Luft gegriffen ist, unterstreichen Indiskretionen, die den Medien mit Vorliebe zugespielt werden und nicht unbedingt dazu geeignet sind, den ohnehin Woche für Woche angekratzten Ruf der „Schwarzkittel" auszumerzen. Hinzu kommt das „Vorbild" der pfeifenden „Profis" aus dem bezahlten Fußball, deren Entscheidungen in mehrmaliger Zeitlupenwiederholung auf den Prüfstand kommen. Ausbaden müssen Fehlpfiffe im TV ins kalte Wasser geworfene Hobby-Schiris, denen dann auf dem Dorfplatz vor ungesicherten Zuschauerrängen verschiedene Regelauslegungen vorgeworfen werden. Einen Bärendienst erweisen hochdotierte Erstliga-Referees, wenn sie die unerlaubte Aktion eines Stars milde übersehen, und am nächsten Tag die arme Pfeife auf dem Land bei einer gleichen Situation „rot" sieht. Auch vor laufenden Kameras müßte eigentlich keinem ein Zacken aus der Krone fallen, wenn die Slow motion schon so eindeutig ist und Schnitzer gnadenlos wiederholt. Einen Ehrenmann soll der Schiri darstellen. Zu diesem Status gehört auch das Eingeständnis von Fehlern, die ihm von auf den Tribünen lauernden Beobachtern nicht auch noch als Minuspunkt angekreidet werden sollen.

Als täglich mit dem Schiedsrichterwesen beschäftigten Sportredakteur einer Lokalzeitung wollte ich einmal an vorderster Front ergründen, wie es nun tatsächlich um einen Schiedsrichter bestellt ist, der trotz seines „Mittelalters“ als blutjunger Anfänger den Anfeindungen auf und am Randes des Spielfeldes ausgesetzt ist. Von der Pike auf und ohne „Extrawürste“ studierte ich deshalb den Alltagstrott eines Unparteiischen, der sich hauptsächlich am Wochenende abspielt.

Soll ich oder soll ich nicht? fragte ich mich vor einigen Jahren. Fast hätte ich meine übermütige Zusage schon wieder bereut. Als Journalist sowieso dauernd auf Achse und jetzt noch Schiri an den Wochenenden? Warum mach' ich das überhaupt mit? Spielt nicht doch im Unterbewußtsein die den Schiedsrichtern oft unterstellte Motivation mit, endlich einmal das übertriebene Geltungsbewußtsein zu Schau stellen zu können? Wenigstens bleibt mir der Trost, daß ich bald zu denjenigen gehöre, die zwar laufend beschimpft werden, aber ohne die der beliebteste Mannschaftssport in Deutschland nicht durchführbar wäre. Schwierig wird es sicher erst dann, wenn ich in der Redaktion sitze und von den Vereinssprechern Sonntag für Sonntag die Kritik über meine neuen „Kameraden“ anhören muß. Doch Neutralität sei eine Eigenschaft und natürlich Voraussetzung, so Willi Dodenhoff (damals Lehrwart der SRG Ammersee/Obb.), dieses Amt überhaupt ausführen zu können. Die Befürchtung von Obmann Adolf Scharf, daß die Neulinge von den Vereinen „zwangsweise“ zum Kurs geschickt werden, erweist sich zumindest in zwei Fällen als richtig. Aber wer will es den Clubs verdenken, daß sie zuerst einen Blick in die Kasse werfen, um so wenig Ausfallgebühren wie möglich zu berappen. Denn jeder fehlende Schiri geht ans Bare (ich übrigens starte für den SC Schöngeising).

Nachdem die „Hitliste“ der Schiedsrichter im Kreis Zugspitze, der die Untergruppe Ammersee angehört, zum kleinen Ansporn verlesen und so ganz nebenbei erwähnt wird, daß die Chance zum Aufstieg viel leichter sei als früher (insgeheim wird der Wunsch nach weiten Reisen an ferne Europacup-Schauplätze geweckt), gleich ein warnendes Wort: „Die Pappenheimer kennen wir, die am Samstagnachmittag mit ihrem Schiri-Ausweis gratis zu den Bundesligaspielen wollen und einen zugeteilten Pfeif-Termin absagen, weil ihre Schwiegermutter gestorben sein soll.“ Und weiter: „Jeder Schiri muß mit geputzten Schuhen und ohne Fleckerl auf dem Leiberl auf's Spielfeld laufen. Zur weiteren Ausstattung gehört natürlich eine laute, unüberhörbare Pfeife, die für Respekt sorgt; von Zweifeln an der Entscheidung nach dem Pfiff darf man erst gar nicht geplagt werden; nach einem kritischen Spiel soll man es tunlichst vermeiden, sich auch noch im hiesigen Vereinslokal aufzuhalten." Soweit zu den ersten Belehrungen. Wenn ich aber erst daran denke, daß ein Schiedsrichter allerhand Beleidigungen, ab und zu auch einen Spritzer Bier auf dem „Schwarzkittel" verkraften muß, kommen schon die ersten Zweifel. Der Trost folgt auf dem Fuß: „Ein Schiedsrichter hat Mut!"

Am ersten Lehrabend in einer Wirtshaus-Stube, in der die Euphorie bei uns „Neu-Schwarzkitteln" noch mit Witz und Gaudi ergänzt wird, folgt der knallharte Regel-Alltag und die erste Hausaufgabe. Von wegen freies Wochenende: Ehefrau und Kinder registrierten ein stundenlang im blauen Regelwälzer versunkenes Familienoberhaupt, das höchstens von der Sportschau vom Schreibtisch wegzulocken ist. Schließlich muß man sich ja informieren, was die Elite der Pfeifenmänner so alles verbockt. Paragraphen, Verhaltensregeln und noch mal Paragraphen, die Schiri-Bibel hat es in sich. Das geht bei den Ausmaßen fürs Spielfeld los und hört am Torbalken auf. Wer's noch nicht weiß: Sollte das moderne Alu-Gebälk tatsächlich einmal knacken, muß das Malheur innerhalb von 30 Minuten repariert sein. Bei Freundschaftsspielen reicht übrigens eine quergespannte Schnur, und sollte wider Erwarten dem runden Leder einmal die Luft ausgehen: Nicht lange fackeln und die Kugel sofort ins Mittelfeld schlagen. Ansonsten wird direkt vor dem Kasten ein Schiedsrichterball verhängt. *Diese* Paragraphen. Ab sofort darf ich zum Elfmeter nicht mehr Elfmeter sagen. „Strafstoß" heißt es im Schiri-Deutsch, wie unser Lehrwart mehrmals anmerkt. Und dann die Sache mit den Rückennummern. Nicht daß es einem so geht wie einem Schiedsrichteroberen. Der hatte es nämlich mit einem ganz cleveren Auswechselspieler zu tun. Dieser „malte" sich bei einem Dreck-und-Regen-Match mangels geeignetem Trikot selbst mit einer „Handvoll Baatz" (= Dreck) die Rükkennummer auf's „Leiberl". Und weiter geht es mit der Schnur. Welche Schnur? Natürlich die, die an der Pfeife baumelt. Auch hier macht die Regel nicht halt. Das „Bandl" muß exakt 70 Zentimeter im Umfang haben. Genau *so* groß darf der Spielball sein, den der Schiri vor dem Anpfiff abzumessen hat. Noch zwei Wochen bis zur Prüfung, langsam schwitz' ich Blut und Wasser. Nicht nur wegen des Lern-Streß und der Tatsache, daß mir die gefürchtete Abseitsregel erst noch blüht. Nein: der Trimm-dich-Pfad ist daran schuld. Schließlich sollen mich bei meinem ersten Einsatz nicht gleich die F-Schüler in Grund und Boden rennen.

Er hat leicht reden da vorn am Lehrerpult. Mit 50 Lenzen auf dem Buckel und der längst abgeschlossenen Vergangenheitsbewältigung würde es mir auch gelingen, selbst über die schlimmsten Erinnerungen im langen Schiedsrichter-Leben ein paar Witzchen zu reißen. Aber uns zwölf „Jungfüchsen“ stehen diese Episoden noch bevor, mit denen der Lehrwart seinen praxisorientierten Neulingskurs locker garniert. „Alten Hasen“ in der schwarzen Kluft rutscht das Herz vielleicht nicht mehr bis zu den Stutzen herunter, wenn da, wie vor einigen Jahren bei einem C-Klassen-Match in Eichenau passiert, zwei Busse voller Türken-Fans aus München ankutschiert kommen und eine Mords-Randale veranstaltet wird. Beim 0:4-Rückstand wollten die fanatischen Anhänger dem eigenen Keeper an den Kragen, der nichts Eiligeres zu tun hatte, als sich hinter dem „Schwarzkittel“ zu verkriechen – „und schon war ein Messer da“. Dodenhoffs Rat aus eigener Erfahrung erinnert an Feuergefechte zwischen Polizei und Gangstern: „Auf den Boden legen und ruhig verhalten.“ Kruzitürken, ist der Bursch’ clever. Aber abgebrüht sollte man wohl ohnehin sein, um das mickrig entlohnte Schiri-Handwerk auszuüben. Immer schön zurückhaltend, nie im Mittelpunkt stehen (schließlich wird man auf dem Spielfeld nur geduldet), bloß nicht das „große Flattern“ bekommen und nur pfeifen, wenn’s unbedingt nötig ist. Im krassen Fall wäre dies beim Anstoß, zur Halbzeit und am Ende, da gehört der Pfiff nämlich zur absoluten Pflicht. Alles andere kann auf den Rängen schon mit Schimpftiraden bedacht werden. Aber irgendwo gehören Grenzen gesetzt. Verfolgt gehöre zum Beispiel ein Spieler, so wird uns gelehrt, der sich hauptsächlich durch brutale Fouls in Szene setzt. Die Unsitte aus dem Profilager, von hinten in die Beine zu grätschen, bleibe zwar in der Bundesliga oft ungeahndet, aber unter denjenigen, die am Montag wieder am „normalen“ Arbeitsplatz ihr Brot verdienen müssen, gilt der unmißverständliche Grundsatz: „Unser Amateur-Fußball bleibt sauber.“ Was nichts anderes heißt, als bei groben Vergehen im Umgang mit der roten Karte nicht zimperlich zu sein. Fünf Sankas und Polizeischutz wären nämlich nötig, wenn in den unteren Klassen die Regeln so großzügig wie in der Bundesliga ausgelegt würden. Um freilich immer auf Höhe des Geschehens zu sein, braucht’s ein eingespieltes Unparteiischen-Gespann. Aber es mangelt an Personal. Ausgerechnet in den unteren Klassen, in denen in aller Regelmäßigkeit „die Fetzen“ fliegen, steht der „schwarze Mann“ allein auf weiter Flur. Und, bei aller Großzügigkeit, ein weiterer eherner Grundsatz für die Ausübung des

Schiri-Amtes: „Es erfolgt ein sofortiger Spielabbruch beim verwerflichsten aller verwerflichen Delikte, dem Anspucken“, so der Lehrwart und konstatiert: „So einen Täter möchte ich am liebsten ohne Schaum rasieren. Wenn's Grüne am schwarzen Trikot runterläuft, packt's eure Sachen ein.“ Dann eine weitere eindringliche Warnung an uns Neulinge: Wenn den heimischen Zuschauern die Pfeiferei entschieden gegen den Strich geht, sei es schon mal vorgekommen, daß der frischgeduschte Schiedsrichter am Parkplatz vor seinem zerkratzten Auto steht. Den Wagen sollten wir möglichst weit entfernt vom Stadion beziehungsweise Fußballplatz abstellen und einige Minuten Fußmarsch in Kauf nehmen. Bei derartigen Racheakten hört sich freilich der Spaß auf. Fast schon liebenswert dagegen der Streich, den einige Herrschinger ausbrüteten. Unendlich froh, ein schweres Spiel gerade noch über die Runden gebracht zu haben, „flüchtete“ der Unparteiische in die Kabine und zog sich um – aber die Hose fehlte. In schwarzem Schiri-Short sei er dann zur wartenden Gattin ins Auto gestiegen. An der Bahnlinie mußte die Fahrt schon wieder unterbrochen werden: An einem Strommast hing das Beinkleid...

Jetzt, nach acht Stunden auf der harten Schiri-Schulbank, fällt's mir wie Schuppen von den Augen: Recht hat der Lehrwart, wozu sind denn die Regeln da? Oder hat mich diese ganze Paragraphen-Reiterei schon so weit weg vom praxisnahen Balltreten gebracht? Den Mitschülern, sofern sie aktiv noch Fußballschuhe schnüren, scheint's ebenso zu gehen. Nicht alles leuchtet auf den ersten Blick ein, hinzu kommt, daß Papier geduldig ist und sich das dicke Regelwerk nicht in Sekundenschnelle nachschlagen läßt. Schön wär's halt, wenn es nach jedem zweifelhaften Pfiff eine Unterbrechung gäbe und auf dem am Spielfeldrand installierten TV-Gerät das Zeitlupen-Replay abgespielt würde. Letztes Kapitel der Ausbildung. Noch ein Zwischentest. Und dann die Prüfungsangst. Nichts ist schwerer, als verflixte Theorie in fundierte Praxis umzusetzen. Im Niemandsland mitten zwischen zwei Fronten zu laufen, weit und breit kein Fürsprecher in Sicht, man ist eben nur geduldet. Was einem so alles blühen kann im Umgang mit der Pfeife, wird uns Neulingen bei den Ausbildungsabenden meist von der lustigen Seite geschildert. Schließlich soll man nicht gleich mitsamt dem Mut auch noch den Spaß verlieren.

Nicht unter den Teppich gekehrt werden soll freilich die Tatsache, daß auch unter der eingeschworenen Zunft der Unparteiischen einige „schwarze Schafe“ ihr Unwesen treiben. Aber: Schmutzige Wäsche wird im engsten Kreis gereinigt, und da kennt man kein Pardon. Wehe dem

„Schwarzkittel", der es wagt, Spieler oder Zuschauer aufs Schärfste zu beschimpfen. Den Schiri-Ausweis kann er getrost in den Wind schreiben, und damit kommt er noch ganz gut weg. Fast noch schlimmer aber, wenn der an den Spielgruppenleiter abzuschickende Meldebogen von einem verschmierten Butterbrotpapier nicht mehr zu unterscheiden ist. Das drastische Beispiel wird uns „Lehrlingen" sofort geliefert – überdimensional auf der Leinwand: Grammatik-Fehler, die einem Erstkläßler zur Ehre gereichen, eine „Sau-Klaue", die einen Zeichendeuter nötig macht, kurz: So verkehrt wie's verkehrter nicht sein kann. In diesem Fall kam übrigens erschwerend hinzu, daß der Verfasser auch noch das Abitur bestanden hatte – die Blamage ist perfekt. Kein Wunder, daß bei der Prüfung das Ausfüllen des Meldebogens, der Visitenkarte des Schiedsrichters, mit der höchsten Punktnote bedacht wird. Da könnte ich also einiges rausreißen, was ich zuvor bei den Regelfragen verbockt habe. Denn die haben's in sich. 50 Fragen, die so vertrackt formuliert sind, daß einem der Hut hochgehen kann. Wenn man die geschilderten Beispiele nur in der Praxis sehen könnte. Es bleibt nichts anderes übrig: Büffeln was das Zeug hält. Am besten, den Pfad durch den üppigen Paragraphenwald so markieren, daß er auswendig im Blindflug durchquert werden kann. Max Klauser, der ehemalige Bundesliga-Schiri hockt schon in den Startlöchern. Der oberste Unparteiische im Bezirk will höchstpersönlich die Prüfung abnehmen. Was woanders gar nicht zur Debatte steht (dort unterschreiben die Lehrwarte selbst die Probearbeit), in der

„Alle haben bestanden!" Ex-Bundesliga-Schiedsrichter Max Klauser (Stv. Bezirksvorsitzender des Bayerischen Fußballverbandes und Bezirks-Schiedsrichter-Obmann) nach der Schiriprüfung zu den Neu-Schiedsrichtern

Zugspitz-Gruppe ist es möglich. „Unparteiisch bleiben, auch in den eigenen Reihen", lautet das Motto. Der Erfolg und die Durchfaller-Quote in Höhe von 0,0 Prozent in 40 Jahren scheinen den Lehrwart zu bestärken. Von wegen aber, daß ein Aspirant die Prüfung „mit links" absolviert, wie einige Vereinsfunktionäre ihren Kandidaten manchmal „verklickern" wollen. Die sollen sich gefälligst selbst einmal auf die Schulbank hocken. Nach dem Zwischentest herrscht aber Zuversicht.

Mit strenger Miene stolziert eine Woche später Max Klauser ins Prüfungslokal. Der alte Pfeifen-Fuchs will wohl gleich zeigen, daß mit ihm nicht zu spaßen ist. So leicht kann ihn nichts mehr umhauen – fast nichts. Oder wie war das doch gleich damals in Karlsruhe, als Klauser nach einem strammen Schuß in die Knie ging und die TV-Anstalten mit Zeitlupen-Aufnahmen aus allen Lagen den Knockout des Jahres der Fußball-Nation verkauften. Oberstes Gebot sei die Disziplin und die erwarte er von uns genauso wie wir es später in der Praxis von den Spielern erwarten, führt Klauser kurz und bündig aus. Sekunden später hat jeder schon seinen Prüfungsbogen auf dem Tisch. Nummer „acht" steht drauf. Hinterher erfahren wir, daß Kamerad Klauser unter den zur Auswahl stehenden Testbögen so ziemlich den schwersten ausgesucht hatte. Eine Stunde Zeit, mehr nicht. Beim ersten Überfliegen des Bogens sind in der atemberaubenden Stille die zentnerschweren Steine zu hören, die uns Prüflingen vom Herzen fallen: Gott sei Dank, fast alle Fragen sind mit „links" zu beantworten. Aber der Teufel steckt manchmal im Detail... Doch dann, nach 60 Minuten der Schlußpfiff und nach einem kurzen Überfliegen der Antworten auf den Prüfungsbögen: „Respekt! Man sieht, daß im Ammersee-Kreis sehr gute Ausbildungsarbeit betrieben wird," meint dann der sichtlich zufriedene Max Klauser. Im Klartext: Alle haben bestanden. Nicht, daß irgendeiner ernsthaft daran gezweifelt hätte, den letzten Test zu „versaubeuteln". Aber irgendwie war der Druck doch recht groß. Wer will schon der jahrzehntelangen „weißen Nicht-Durchfaller-Weste" der Gruppe einen ersten Makel anheften? Die Blamage wurde uns erspart, von den 48 möglichen Punkten schrieb mir Max Klauser, der Schiri-Chef im Bezirk Oberbayern, stolze 43 gut. Das Debüt auf dem Schlacht-, pardon Spielfeld, steht uns „Jungfüchsen" in den nächsten Tagen bevor. Hoffentlich keine AH-Duelle, denn dort, so sagen Insider, geht's hoch her. Wenn den „Oldies" spätestens nach dem Seitenwechsel die Luft ausgeht, sind schnell alle Regeln vergessen, dann ist Kampf und Härte Trumpf.

Nervös bin ich nicht, nach außen hin die Ruhe in Person. Doch im Hirnkastl arbeitet der Drehwurm. Was ist geblieben von der grauen Theorie, als alles so flüssig auf den Prüfungsbogen gekritzelt wurde? Jetzt stehe ich allein da. Keiner weit und breit, der mir einen Spickzettel unterschiebt. 22 Jugendspieler, zwei Betreuer und eine Schar eifernder Eltern warten auf den Anpfiff. Es ist soweit: Meine Premiere im „Schwarzkittel" ist nicht mehr aufzuhalten. Einen Tag zuvor der Anruf: „Morgen um 13 Uhr läufst du in Neuaubing ein." Ein Bezirksliga-Match der C-Jugend zwischen den Hausherren und dem MTV Ingolstadt ist angesetzt. Irgendwie fällt mir ein Stein vom Herzen: Wenigstens kein Spiel im eigenen Gau, wo die Kollegen wahrscheinlich in Heerscharen angetanzt wären.

Ein letzter Test: Die gelbe Karte in der linken Brusttasche, der Notizzettel in der rechten, Kugelschreiber vorhanden, der rote Karton in der Gesäßtasche plaziert, damit es ja zu keiner Verwechslung kommt. Verdammt, wo ist jetzt bloß die Plastikmünze für die Seitenwahl? Gottseidank, alles verstaut. Doch jetzt fehlt plötzlich der Kugelschreiber. Nein, nervös bin ich nicht... Paßkontrolle bei den Gastgebern: „Grüß Gott, Loder ist mein Name, vom SC Schöngeising." Eigentlich habe ich mir vorgenommen, mit ein paar lockeren Sprüchen der ernsten Angelegenheit gleich vorweg den Wind aus den Segeln zu nehmen. Doch die Sache ist einfach zu trocken. Bei den Gästen aus Ingolstadt gelingt's schon eher: Ein paar unaussprechliche Namen, ein Mexikaner, der gar keiner ist – und schon ist mit einigen Lachern das Eis gebrochen. Jetzt bloß nicht die Autorität verlieren, fährt es mir siedendheiß durch den Kopf. Aber was soll's? Schließlich ist alles nur ein Spiel und außerdem habe ich mir vorgenommen, zumindest beim Nachwuchs nicht mit strenger Schulmeister-Manier ans Werk zu gehen.

Raus geht's, die Seitenwahl – und: der Anpfiff. Wie gut, daß keiner der Akteure und niemand da draußen am Spielfeldrand weiß, daß da ein blutiger Anfänger zur Pfeife greift. Die Burschen flitzen im Affentempo von einem Tor zum anderen. Die wenigen Waldläufe, die ich Schreibtischhengst in den vergangen Wochen zur Vorbereitung absolviert habe, erweisen sich als gerade noch ausreichend. Aber schon während der ersten Minuten nehme ich mir vor, künftig doch etwas mehr für die Kondition zu tun. Viel Arbeit gibt es nicht: Die Buben gehen fair zur Sache, ein paar Härten „übersehe" ich großzügig. Zu oft habe ich schon erlebt, wie ein recht ansprechendes Spiel von einem leicht reizbaren Schiri regelrecht zerpfiffen wurde. Das passiert mir nicht – zumindest bei der

Premiere. Doch vor allem mit den direkten und indirekten Freistößen habe ich so meine Schwierigkeiten. Und dann erst diese verdammten Einwürfe. Zu oft liege ich daneben und: Mich wurmt's ja selber! Woher das kommt? Falsches Stellungsspiel, ein bißchen Bequemlichkeit beim Laufpensum. Beim nächsten Mal wird's besser. Am meisten aber fuchst mich das Führungstor der Gäste: Die Vorlage kommt nämlich von mir. Ein Neuaubinger drischt das Leder mit aller Wucht aus dem Strafraum, trifft mein Bein, der Ball springt zu einem Gäste-Stürmer – und schon ist ein Musterangriff eingeleitet, der mit einem Torschuß beendet wird. Freilich: Der Schiri ist laut Regelwerk Luft, aber ärgern tut's mich trotzdem. Pause.

Die Manöverkritik des Spiels fällt ganz manierlich aus. Aber diese Einwürfe! „Mensch, Schiri!" – die ersten anklagenden Zurufe klingen noch ganz friedfertig. Eigentlich ist diese Praktik nicht für die Öffentlichkeit bestimmt, aber jedem Insider ist sie bekannt: Im Zweifelsfall bekommt derjenige den Einwurf zugesprochen, der den Ball zuerst in der Hand hat. Immer ein Nachteil freilich, wenn der „Schwarzkittel" auch noch eine Brille trägt. Das gibt den Fans sofort Anreiz für entsprechende Kommentare. Aber komisch: Die Zurufe können noch so gemein sein, sie jucken mich einfach nicht. Wahrscheinlich kommt's daher, daß keiner an meiner Stellung als unumschränkter Herrscher auf dem Spielfeld rütteln kann. Nach 60 Minuten, die wie im Flug vergangen sind, der Schlußpfiff: Nachdem die Hausherren aus Neuaubing ihre 1:2-Niederlage kommentarlos hinnehmen und die 27 Mark Schiri-Honorar inklusive Spesen ausgehändigt haben, dachte ich, den ersten Einsatz respektabel bewältigt zu haben.

Meine erste (und einzige) rote Karte zückte ich just bei einem der gefürchteten Alte-Herren-Spiele. Der arme Sünder, den ich – wie mir erst viel später bewußt wurde – wohl doch etwas voreilig den „Karton" unter die Nase gehalten hatte, wurde ein halbes Jahr „aus dem Verkehr gezogen". Damit war die Sache aber (für mich zumindest) noch nicht beendet, sondern fing vielmehr erst *so* richtig an. Der gesperrte Spieler war Vereinswirt in jenem Clubheim, das ich aufgrund beruflicher Gründe regelmäßig besuchen muß. Die Konsequenz: Freibier steht seitdem bei mir auf der „roten Liste".

Der gerade erwähnte Vorfall war sicher nicht der Grund, warum ich mich nach gut und gern 20 Spielleiter-Einsätzen aus diesem Metier zurückgezogen habe. Ursprünglich war ohnehin nur geplant, für eine Reportage einen kleinen Einblick in die Szene zu bekommen. Daß daraus ein etwas längeres Gastspiel wurde, lag auch an der kameradschaftlichen Aufnahme in der Schiedsrichter-Gruppe. Doch je länger mein Engagement dauerte, desto bewußter wurde mir, daß sich die pfeifende mit der schreibenden Zunft schlecht vereinbaren läßt. Zu sehr nagten beim Verfassen der wöchentlichen Spielberichte Gewissensbisse, wenn dem einen oder anderen Kameraden von den Vereinsvertretern „ans Bein gepinkelt" wurde. Und: Wann immer ein Pfeif-Einsatz nötig war, hinderten zwangsläufig zeitgleiche Reporter-Pflichten die Freizeitbeschäftigung. Ehrlich gesagt: Die Erfahrungen waren zwar lehrreich, doch wiederholen möchte ich sie nicht.

Jürgen Aust

Von Rodenkirchen nach Hamburg oder Gelsenkirchen

„Voller Ungeduld wartete ich vor dem Sportplatz in Rodenkirchen. In einer Stunde sollte ich mein erstes Spiel leiten. Kein Platzwart, kein Trainer, kein Spieler. Ich stand vor verschlossenen Türen. Vermutlich hatte man mit mir hier nicht gerechnet. In den Lehrabenden hieß es doch immer wieder, der Schiedsrichter müsse rechtzeitig am Spielort sein. Endlich, nach weiteren langen Minuten des Wartens, erschien ein Betreuer der Heimmannschaft und versicherte mir, daß auf dieser Sportanlage heute ein E-Jugendspiel stattfindet. Meine erste Aufregung hatte sich gelegt und ich war beruhigt, zumindest auf der richtigen Sportanlage zu sein. Pflichtgemäß habe ich dann, nachdem ich mich den beiden Vereinen vorgestellt hatte, die Spielerpässe kontrolliert und auch über die Spielerkluften abgestimmt. Ich habe diese Kontrolle sehr präzise und gründlich durchgeführt. Ich weiß nicht, ob die Vereine gemerkt haben, daß es mein erstes Spiel ist… Nachdem ich mich umgezogen und alle meine Utensilien kontrolliert hatte, ließ ich mir einen Ball geben und mein erster Anpfiff erfolgte. Das Spiel verlief ohne besondere Höhepunkte und ich hatte auch keine größeren kritischen Situationen zu bewältigen. Der eine Club war nach meinem Abpfiff nicht verärgert oder schrieb die Schuld an der Niederlage mir zu und die anderen hatten auch nichts auszusetzen. Ich füllte schließlich den Spielbericht ordnungsgemäß aus, zeichnete ihn ab und nahm dann meine ersten Schiedsrichterspesen entgegen. Beruhigt trat ich den Heimweg an…“

Innerhalb von nur neun Jahren schaffte der gebürtige Kölner Jürgen Aust den Weg vom Sportplatz Rodenkirchen in die Stadien der Fußball-bundesliga. Als erster und dann als zweiter Linienrichter[4] unter Schiedsrichter Karl-Josef Assenmacher war er mit 25 Jahren einer der jüngsten. Vier Jahre später wurde er bereits als Springer in der ersten Bundesliga eingesetzt. Sein erstes Bundesligaspiel als Schiri leitete er in München, zwischen dem FC Bayern und dem 1. FC Kaiserslautern. Von der Tabellenkonstellation her hieß dies: der Dritte gegen den Ersten. Der FCK wurde in dieser Saison 1990/91 Deutscher Meister, trotz einer saftigen 0:4 Schlappe gegen die Münchner. Für Jürgen Aust hat sein erstes Bundesligaspiel eine scheinbar nur rein statistische Bedeutung. Seine Schiedsrichterlaufbahn verläuft geradlinig – direkt auf den Weg nach oben. Zielstrebig und korrekt wirkt der heute 36jährige auf sein Gegenüber und vermittelt den Eindruck: Da steht einer vor dir, der weiß was er will. Dementsprechend ist auch seine Einstellung zum Schiedsrichteramt. „Für mich sind die grundlegenden Voraussetzungen für die Ausübung des Schiedsrichteramtes einmal die Persönlichkeit, dann die Identifikation mit der Sache, eine persönliche Ausstrahlung, Mut und eine sportliche Einstellung."

„Es war nicht mein großes Bestreben", so Jürgen Aust, „Fußballschiedsrichter zu werden". Mit sechs Jahren hat er mit dem Fußballspielen beim Sportverein Agrippina Germania begonnen. Mit Eintritt in die D-Jugend hütete er das Tor und überzeugte mit soliden Leistungen, die ihn bis in den Förderkader der Junioren des Fußballkreises Köln bringen sollten. Der Einstieg in die Schiedsrichterlaufbahn begann unverhofft und außerplanmäßig. Sein damaliger Jugendtrainer Paul Oestmann rief die Spieler der B-Junioren zu sich und drei Spieler aus der Mannschaft erklärten sich bereit, den Schiedsrichterlehrgang zu besuchen und die damit verbundene Prüfung abzulegen. „Wir wurden darüber informiert, daß ein Schiedsrichter bundesweit freien Eintritt in alle Bundesligastadien erhält. Gleichfalls wurde uns das Amt des Schiedsrichters auch aus finanziellen Erwägungen heraus schmackhaft gemacht. Die Spielleitung wurde im Juniorenbereich mit 12,50 Mark honoriert. Zu diesem Zeit-

---

4 Der Linienrichter wurde mit der Saison 1996/97 zum Schiedsrichter-Assistenten „befördert". Manfred Amerell (Mitglied des Schiedsrichter-Ausschusses des DFB) in einem *sid*-Interview vom 30. Juli 1996: „Er ist sogar berechtigt, im Strafraum Elfmeter anzuzeigen. Der Assistent trägt mehr Verantwortung und wird darum auch alleine benotet." Ab der Saison 1996/97 gibt es auch keine Schiri-Gespanne mehr. Es gibt den sogenannten „Schiedsrichter-Assistenten-Pool".

punkt war ich noch Schüler und sah diesen finanziellen Aspekt auch als Grundlage, mein Taschengeld aufzubessern."

Der schnelle Weg nach ganz oben

Seine aktive Fußballerlaufbahn beendete er mit dem 18. Lebensjahr. Fortan galt sein ganzes Interesse der Ausübung des Schiedsrichteramtes. Eine entscheidende Rolle habe dabei Jungschiedsrichterobmann Eduard Kruse gespielt, den Jürgen Aust als seinen „Ziehvater" bezeichnet. Dieser habe nachdrücklich darauf hingewirkt, daß er sich für das Schiedsrichteramt entscheide. So wurde Aust dem Kreisschiedsrichterobmann Charlie Kropmann empfohlen. Die weiteren Stationen seiner Karriere durchlief er mit Riesenschritten. Eine Bilderbuchlaufbahn im Zeitraffer:

In der Kreis- und Bezirksliga leitete er sein erstes Spiel mit 18, Landesliga (20), Verbandsliga (21), Amateuroberliga (22). 1984, also im Alter von 24 Jahren wurde er von seinem Landesverband Mittelrhein dem Deutschen Fußballbund (DFB) für den sogenannten Nachwuchslehrgang gemeldet. Im gleichen Jahr erfolgte die Meldung als Linienrichter 1 für die 2. Bundesliga. Das Schiedsrichtergespann in der Saison 1984/85 bestand neben Jürgen Aust aus den beiden Essenern Hans-Jürgen Weber (dem sogenannten Gespannführer) und Klaus Plettenberg (Linienrichter 2). Mit der Saison 1985/86 war dann (wie bereits erwähnt) der Sprung in die 1. Fußball-Bundesliga geschafft. Unter Karl-Josef Assenmacher fungierte er vier Jahre lang als Linienrichter. In dieser Zeit absolvierte er auch seinen ersten internationalen Einsatz im UEFA-Cup als Linienrichter unter dem damals noch aktiven Dieter Pauly. 1989 leitete er die ersten Spiele in der 2. Bundesliga und ein weiteres Jahr später wurde er erstmals als Springer in der 1. Fußball-Bundesliga eingesetzt. Mit der Saison 1991/92 hatte er dann sein großes Ziel erreicht: Schiedsrichter der höchsten deutschen Fußballiga. Mit dem 1. 1. 1995 wurde er dann vom DFB der FIFA gemeldet und ist seither einer von 10 deutschen FIFA-Schiedsrichtern.

Hoher Einsatz, Zielstrebigkeit und Durchsetzungsvermögen sind sicherlich unabdingbare Voraussetzungen für eine erfolgreiche Karriere. Jürgen Aust hat dies nachdrücklich bewiesen. Was aber sind die Voraussetzungen für die Ausübung des Schiedsrichteramtes? Bekanntlich steckt ein Großteil der Schiedsrichterneulinge nach kurzer Zeit die Pfeife wieder ein und verabschiedet sich voller Ärger und Unmut. In den unteren Klassen ist und war es schon immer ein hartes Brot, Spiele zu leiten. Ob der Aufstieg in höhere Klassen gelingt, hängt letztendlich vom Beobachtungssystem aber auch von den in diesem Bereich verantwortlichen Personen ab: den Spielbeobachtern. Die Voraussetzungen aber, um das Schiedsrichteramt im Fußballsport ausüben zu können, sind erstmal überall gleich und jeder versucht seinen persönlichen Ansprüchen (mehr oder weniger) gerecht zu werden. Wenn Jürgen Aust auf die „grundlegenden Voraussetzungen für die Ausübung des Schiedsrichteramtes" zu sprechen kommt, beschreibt er dabei freilich auch seine Art Spiele zu leiten.

Einige Voraussetzungen für die Ausübung des Schiedsrichteramtes

„Der Schiedsrichter", so Jürgen Aust, „muß sich mit der Aufgabe des Spielleiters identifizieren. Er sollte sich nicht in den Mittelpunkt stellen, denn die Zuschauer kommen nicht wegen des Schiedsrichters in das Stadion, sondern um die Mannschaften spielen zu sehen. Entsprechend muß sich der Schiedsrichter zurückhalten und nicht darauf erpicht sein, die Hauptrolle zu spielen. Ein Schiedsrichter darf in keinem Fall den Weg des geringsten Widerstands gehen, und Spiele auf diese Art und Weise leiten. Einen starken Schiedsrichter erkennt man auch daran, daß er im Stande ist unpopuläre Entscheidungen zu treffen; sei es nun ein Strafstoß oder Platzverweis gegen die Heimmannschaft. Konzessionsentscheidungen, um vorhergehende Entscheidungen auszugleichen, sind für diesen Schiedsrichter ebenso kein Thema." Und weiter: „Einen charakterlich gefestigten Schiedsrichter erkennt man daran, daß er auch zu einer Fehlentscheidung steht, diese im nachhinein nicht beschönigt und Fehler zugibt."

Das Spielgeschehen richtig einschätzen, in kritischen Situationen die Reaktion der Spieler quasi vorausahnen, zeichne zum Beispiel einen souveränen Schiedsrichter aus und dieser wird nicht sofort einen Spieler verwarnen, der wegen einer Entscheidung spontan abwertende Gesten oder vertretbare Unmutsäußerungen von sich gibt. Er spreche einen Spieler, der bereits negativ aufgefallen ist, auf sein Verhalten an und muß somit nicht jedesmal das Spiel unterbrechen. Der Spieler versteht in der Regel seine Worte und weiß diese auch richtig zu interpretieren. Und: „Ich erreiche damit auch, daß ich nicht allzuviele persönliche Strafen aussprechen muß. Hinzu kommt natürlich ein entsprechendes Finger-

Jürgen Aust mit seinen Linienrichtern Jens Kortholt und Bernd Hecker vor dem Spiel Schalke 04 – KFC Uerdingen am 16. März 1996

spitzengefühl. Letztendlich bewegt sich der Schiedsrichter in einem Ermessensspielraum, der freilich festgelegt ist."

Der Schiedsrichter ist nicht nur Richter – sondern vor allem auch Vermittler. Unabhängig von den Regelvorgaben hat jeder Schiedsrichter seine persönliche Linie, die er freilich erst im Laufe der Zeit entwickelt. Aust: „Meine Linie ist die, daß ich versuche, aufgrund meines Laufvermögens so nah wie möglich am Spielgeschehen zu sein. Hierdurch kann ich im Kleinen bereits aufkommende Kritik unterbinden, denn die Spieler neigen dazu, wenn eine Entscheidung aus einer Distanz gefällt wird, diese eher zu kritisieren, als wenn der Schiedsrichter aus unmittelbarer Nähe das Spielgeschehen wahrgenommen hat. Im übrigen bin ich der Meinung, daß die Spieler (ähnlich wie in der Schule die Schüler gegenüber dem Lehrer) ausprobieren, wie weit der Schiedsrichter in irgendeiner Form beeinflußt werden kann. Der Schiedsrichter darf sich weder von positiven noch von negativen Äußerungen seitens der Spieler ‚blenden' lassen.

Beiden Spielertypen – der eine attestiert dem Schiri permanent eine gute Leistung, der andere kritisiert ständig – müssen neutral ‚behandelt' werden und das heißt: Du darfst dich nicht ständig auf Diskussionen einlassen. Der Schiri wird, wenn er sich darauf einläßt, zum einen unkonzentriert und kann dem Spieler nicht mehr objektiv gegenübertreten."

Darüber hinaus, konstatiert Aust, spiele die körperliche Verfassung eine ebenso wichtige Rolle. Seitens des DFB gibt es hierzu Richtlinien für Spitzenschiedsrichter. Wöchentlich drei Trainingseinheiten werden empfohlen, die Jürgen Aust folgendermaßen gestaltet:

- Montags eine halbe Stunde intensiv Fahrradfahren auf einem Hometrainer mit anschließender Sauna.
- Mittwochs Gymnastik, Lockerungsübungen, sowie einen Cooper-Test.
- Donnerstags entweder einen Waldlauf oder Radfahren.

Wenn am Wochenende kein Spiel angesetzt ist, absolviert er am Sonntagmorgen einen Waldlauf.

„Die Mannschaften", meint Aust dazu abschließend, „trainieren schließlich mehrmals in der Woche und erwarten von einem Schiedsrichter, daß er konditionell im angemessenen Rahmen dem Spiel folgen kann."

Der Fern-Seh-Beweis (und die Rolle des Schiris)

Jürgen Aust ist grundsätzlich gegen „Fernsehbeweisbilder", sofern es sich um Entscheidungen des Schiedsrichters handelt. Nachträgliche Beweise via Fernsehbilder sollten lediglich dann herangezogen werden, wenn Tätlichkeiten hinter dem Rücken des Schiedsrichters geschehen und letztlich dem Schutz des betroffenden Spielers dienen. Und: Eine Gleichbehandlung der Vereine sei schon deswegen nicht gewährleistet, da zum Beispiel nicht bei jedem Spiel gleichviele Kameras installiert sind. „Es ergibt keinen Sinn", so Aust weiter, „den Schiri an den Pranger zu stellen und zu sagen, daß nach der vierten Zeitlupe festgestellt worden ist, daß eine Schwalbe vorgelegen hat oder daß das Vergehen fünf Zentimeter innerhalb oder außerhalb des Strafraums stattgefunden hat. Die Journalisten mit ihrem zum Teil oberlehrhaften Ton setzen dem dann noch die Krone auf und *meinen* wie es richtigerweise hätte sein sollen. Der Fußball lebt nun mal auch von den Fehlern und von Fehlentscheidungen. Bei einem perfektionierten Fußballspiel würde abgesehen davon auch ein nicht unbeträchtlicher Gesprächsstoff fehlen und womöglich wäre der Unterhaltungswert weitaus geringer. Darüber hinaus wäre es fatal, wenn in den beiden Profiligen andere Maßstäbe als in den unteren Ligen einschließlich des Jugendbereichs angesetzt würden. Es würde eine Zwei-Klassen-Gesellschaft entstehen, die zwangsläufig unterschiedlich bewertet würde."

Schließlich weist Jürgen Aust darauf hin, daß ein Spieler aufgrund eines Fernsehbeweises von einer persönlichen Strafe freigesprochen werden kann. Auch hier würde wieder mit zweierlei Maß gemessen. Außerdem spiele auch die Anzahl der Kameras in den Stadien eine nicht unerhebliche Rolle. Ein Spieler habe dann durchaus größere Chancen vor dem Sportgericht freigesprochen zu werden, wenn mehrere Kameras angebracht sind, als ein Spieler, der mit weniger Kameras „auskommen muß". „Maßgeblich für eine persönliche Strafe ist (auch) die Wahrnehmung des Schiedsrichters und der Linienrichter aus dem Spielgeschehen heraus. Entsprechend muß das Verhalten des Spielers berücksichtigt werden, welches zum Feldverweis führt. Mit Fernsehaufzeichnungen kann dies nicht nachvollzogen werden!" Letztendlich habe die Vergangenheit gezeigt, konstatiert Aust, daß mit Unterstützung der Fernsehkameras auch nicht hundertprozentig nachgewiesen werden kann, ob nun eine Verfehlung vorgelegen habe. Will man das Szenarium durchspielen – und hier würden dann bald amerikanische Verhältnisse das Spielgeschehen bestimmen –, in dem „Fernsehbeweisbilder" quasi die Rolle des zweiten Schiedsrichters übernehmen, könnte bei einem fragwürdigen Eckstoß oder Einwurf, das Spiel unterbrochen werden. Das Fußballspiel würde sich vollkommen verändern. Ob die Vereine, die seiner Meinung nach immer mehr auf ihre Rechte pochen, das wollen? „Die Vereine wissen", so Aust, „daß sich die eine oder andere Entscheidung des Schiedsrichters im Laufe der Saison ausgleicht und der Fußballsport lebt nun mal auch von Entscheidungen die nicht widerlegt werden können. Ich erinnere hier nur an den dritten Treffer der Engländer im WM-Finale in Wembley 1966."

Ein Schiri auf Urlaub und ein Strafstoß

Während eines Urlaubs auf einer spanischen (und vor allem von Deutschen häufig besuchten) Insel, traf Jürgen Aust zufällig die beiden Bundesligaspieler Kai Friedmann (1. FC Nürnberg) und Frank Hartmann

(VFL Bochum). Insbesondere mit Friedmann war der Kontakt schon aufgrund ähnlicher familiärer Verhältnisse (die Kinder der beiden sind im gleichen Alter) schnell hergestellt. Es stand zwangsläufig nicht nur der Fußball im Mittelpunkt der Gespräche. Beide Familien verbrachten mehr oder weniger den Urlaub fortan gemeinsam. Zwei Monate später war Aust im Spiel 1. FC Nürnberg gegen Hertha BSC Berlin als Referee eingesetzt. Die Begrüßung von Kai Friedmann war aufgrund der Urlaubserlebnisse „recht herzlich".

„In der ersten Hälfte kam es zu einer Situation, in der Kai Friedmann seinen Gegenspieler im Strafraum foulte und ich auf Strafstoß entschied. Kai Friedmann kam auf mich zugelaufen und begann sich über diese Entscheidung zu beschweren.

Er sagte: ‚Schiri, bei so einer Situation können Sie doch keinen Strafstoß pfeifen!" und ich entgegnete: „ Herr Friedmann, wenn Sie die Hände nicht bei sich lassen, muß ich auf Strafstoß entscheiden!'

Kai Friedmann zwinkerte mir zu und drehte ab und hinterließ bei seinen Mitspielern den Eindruck, er habe sich über diese Schiedsrichterentscheidung fürchterlich geärgert.

Nach Ende der Begegnung haben wir uns im Umkleidebereich wieder getroffen. Friedmann meinte, ihm war klar, daß die Strafstoßentscheidung richtig war. Um aber sein Gesicht zu wahren, mußte er natürlich reklamieren. Außerdem hatte er mir ja bereits während der besagten Situation durch sein Augenzwinkern sofort zu verstehen gegeben, daß er meine getroffene Entscheidung akzeptiert hatte."

Von Rodenkirchen nach Hamburg oder Gelsenkirchen

„...auch heute bereite ich mich (mit meinen beiden Linienrichtern Hekker und Kortholt; *Anm. des Hrsg.: in der Saison 1995/96*) auf jede Begegnung gewissenhaft vor. Am späten Nachmittag des Vortages treffen wir uns, um spätestens gegen 20.00 Uhr am Spielort einzutreffen. Uns erwarten keine verschlossenen Türen. Der Schiedsrichterbetreuer der Heimmannschaft erwartet uns und begleitet uns ins Hotel. In der Regel folgt ein gemeinsames Abendessen. Am Spieltag sind wir spätestens eineinhalb Stunden vor Spielbeginn im Stadion und besichtigen noch einmal das Spielfeld. Kontrollieren die Tornetze, Eckfahnen und die Aufzeichnungen der Begrenzungslinien. Kurz vor Spielbeginn wird im Kabinengang das Schuhwerk samt Stollen überprüft. Wir laufen dann mit den beiden Mannschaften ein und begrüßen gemeinsam die Mannschaftskapitäne. Nach der Platzwahl nehmen die beiden Linienrichter und die Mannschaften ihren Platz ein. Es folgt der Anpfiff und das Spiel beginnt.

Die Atmosphäre in den großen Stadien ist natürlich eine ganz andere als damals in Rodenkirchen, aber in der Regel trete ich nach Spielende auch heute noch die Heimreise beruhigt an.“

Gabriele Birlin

Auf bestimmte Schiedsrichter können wir Schiedsrichterinnen getrost pfeifen

In einer „Grümpelmannschaft“ (= Mannschaft von Freizeit- und Hobbykicker/-innen) fing alles an. Gabriele Birlin hatte anfangs nicht die Absicht, in einem Verein dem Ball hinterherzurennen, geschweige denn irgendwann einmal das Amt einer Schiedsrichterin auszuüben. Im Jahre 1979 trat sie dann doch einem Verein (VFR Rheinfelden) bei und spielte dort vier Jahre lang in der höchsten südbadischen Klasse für Damenfußball. Zwei Sportverletzungen zwangen sie dann, ihr Hobby als aktive Fußballerin aufzugeben. Ihr damaliger Freund war es dann, der sie dazu brachte („Ich selbst wollte unbedingt beim Fußball bleiben“), die „Schiedsrichterei“ anzufangen. Ihr erstes Spiel nach der bestandenen Schiri-Prüfung leitete sie 1983. Am 25. Mai 1996, also 13 Jahre später, stand sie dann im Anstoßkreis des Berliner Olympiastadions. Der Anlaß: DFB-Pokalendspiel der Damen zwischen dem FSV Frankfurt und SC Klinge Seckach. Erstmals wurde ein Damen-Pokal-Finale „live“ übertragen. Gabriele Birlin berichtet voller Stolz über dieses Ereignis. Sie ist davon überzeugt, daß aufgrund solcher Live-Übertragungen auch der letzte Skeptiker endlich die Leistungen im Damenfußball anerkennt. Dazu gehören freilich auch die Leistungen der Schiedsrichterinnen und in dem Fall die von Gabriele Birlin, die einen (im positiven Sinn) resoluten Eindruck auf ihren Gegenüber macht und offenbar weiß was sie will. Ihr Ehrgeiz und Durchsetzungsvermögen sind wichtige Voraussetzungen um sich als Frau in dieser fast nur von Herren dominierten „Schiedsrichter-Welt“ zu behaupten und an die Spitze zu gelangen.

Ein Gespräch mit der Schiedsrichterin, die beim FV Degerfelden Mitglied ist und für diesen pfeift, seit 1991 in der Damenbundesliga Spiele leitet und im Mai diesen Jahres erstmals als FIFA-Linienrichterin beim

EM-Qualifikationsspiel zwischen der Schweiz und Griechenland zum Einsatz kam und auf der Karriereleiter als Schiedsrichterin noch einige Sprossen nach oben „erpfeifen“ will.

Wird die Schiedsrichterin Gabriele Birlin von ihren männlichen Kollegen akzeptiert?

Ich glaube, daß ich bei meinen Schiedsrichterkollegen sehr geschätzt werde. Indiz mag dafür auch sein, daß ich in unserer Schiri-Gruppe zum Gruppenobmann (*sie lacht*) oder Gruppenobfrau – wie auch immer – gewählt wurde. Und apropos Leistung: Genauso wie die männlichen Kollegen müssen wir Schiri-Frauen im Bezirk, Verband und ich noch beim DFB unsere Leistungsprüfungen und Regeltests ablegen. Am Anfang kam es aber schon zu Spannungen mit meinen männlichen Kollegen oder Spielern in einer damals noch von Männern beherrschten Schiedsrichterdomäne. Spätestens seit ich zwei männliche Kollegen an der Linie habe und diese meine Leistung und Entscheidungen sehen, werde ich voll akzeptiert.

Sie haben selbst Fußball gespielt.

Ja, ich finde es im nachhinein sehr wichtig, daß ich damals Fußball gespielt habe, denn die eigene Spielpraxis ist für die Ausübung des Schiri-Amtes immer von Vorteil.

Sie leiten ein Herrenspiel...

...zuerst gucken die Zuschauer und dann kommen die Bemerkungen wie zum Beispiel: Endlich kommt auch zu uns eine Frau – oder: Jetzt könnte ich eigentlich auch wieder mal Fußball spielen, da werde ich dann auch von einer Frau gepfiffen und könnte mit ihr nach dem Spiel duschen. Dann gibt es wiederum die Stimmen – meistens bei wichtigen Spielen –, wie kann man eine Frau zu so einem wichtigen Spiel schicken? Die kann sich doch nicht durchsetzen. Aber insgesamt kann ich feststellen, es gibt mehr positive als negative Reaktionen. Letztendlich ist immer die Leistung, die du bringst, entscheidend. Bei Spielen von Damenmannschaften höre ich in der Regel wenig Kommentare. Für die Zuschauer und Betreuer ist es fast schon selbstverständlich, daß Frauen Spiele von Frauen pfeifen.

Gibt es einen Unterschied in der Leitung von Herrenspielen und von Spielen zwischen Frauen?

Herrenspiele sind meiner Meinung nach einfacher zu pfeifen. Hier kann ich meine Entscheidungen in manchen Spielsituationen sicherer treffen. Zum Beispiel beim Handspiel, wenn du darüber entscheiden mußt, war es nun eine Schutzreaktion der Spielerin, wenn sich der Ball in Brusthöhe befand. Meine Entscheidungen werden bei den Herrenspielen mehr akzeptiert als bei Spielen zwischen Frauen. Die wollen viel öfter mit der Schiedsrichterin diskutieren und sind im Meckern auch recht gut drauf. Vielleicht hängt das auch damit zusammen, daß wir, die Schiri-Frauen, ein Frauenspiel ernster nehmen als unsere männlichen Kollegen. Ich glaube, unsere Herren bewerten in Frauenpartien Hand- oder Foulspiele anders als wir.

Erinnern Sie sich noch an Ihr erstes Herrenspiel?

Ich war sehr nervös. Ich hatte bis dahin nur Jugendspiele gepfiffen und zu der Zeit war es noch nicht üblich, daß eine Frau Fußballspiele leitet. Es ging erst mal ein lautes Raunen durch das Stadion. Die rieben sich, einschließlich der Betreuer und Spieler, die Augen und hatten ihr Erlebnis. Letztendlich bin ich dann von allen fair behandelt worden. Danach erhielt ich sogar noch ein dickes Lob wegen meiner Entscheidungen und wurde immer wieder gefragt, warum ich das Amt als Schiedsrichterin ausübe. Im Laufe der Zeit hat sich das Verhältnis der Spieler gegenüber meiner Person zumindest insofern verändert, als ich zum Beispiel bei den ersten Jugendspielen noch mit sehr viel Achtung und respektvoll aufgenommen wurde. Die haben mich damals immer mit ‚Frau Schiedsrichterin‘ angesprochen. Heute heißt's nur noch Schiedsrichterin. Ich hab' mich also auch in dieser Hinsicht ‚emanzipiert‘ oder ‚etabliert‘…

…und Ihr erster Platzverweis?

Meinen ersten Platzverweis sprach ich nach ungefähr fünf Jahren Schiedsrichtertätigkeit aus. Das war in einem Kreisliga B-Spiel. Danach haben einige Spieler zu mir gesagt, daß ich sehr viel Mut gezeigt habe, aber daß die rote Karte auch berechtigt gewesen sei. Der ‚Rot-Sünder‘ kam dann nach dem Spiel zu mir und entschuldigte sich für sein Verhalten. Auch

Gabriele Birlin: „Mehr Schiedsrichterinnen braucht das Land."

bei meinem ersten Landesligaspiel mußte ich gleich eine rote Karte zeigen und einen Strafstoß geben. Insgesamt habe ich in den vergangenen 13 Jahren, in denen ich das Amt als Schiedsrichterin ausübe, vielleicht fünfmal die rote Karte ziehen müssen. Ein Grund dafür könnte sein, daß die Spieler vielleicht mit einer etwas anderen Einstellung in ein von einer Frau geleitetes Spiel gehen.

Gibt es von Ihrer Seite aus Vorschläge zu Regeländerungen?

Von meiner Seite gibt es keine Vorschläge. Andererseits meine ich, daß sich die Herren manchmal überlegen sollten, wie und mit was für Regeln früher gespielt wurde. Ich persönlich finde, daß sich heute die Spielerinnen und Spieler mit viel mehr Regeln auseinandersetzen müssen. Zum Beispiel die Rückpaßregelung. Der betreffende Spieler hat da freilich oft meist keine Zeit mehr lang zu überlegen, darf ich jetzt den Ball zum Torwart zurück spielen oder nicht und dieser wiederum muß in dieser Situation natürlich wissen und schnell entscheiden, kam der Ball jetzt vom Fuß des eigenen Spielers als Paß oder war es eine Fußabwehr etc. Letztlich hat speziell diese Regel das Fußballspiel, auch was das Offensivverhalten angeht, sicherlich positiv beeinflußt, aber speziell für uns Schiris nicht unbedingt vereinfacht.

Würden Sie der Forderung nach mehr Schiri-Frauen in der Fußballbundesliga zustimmen?

Ja. Aber dies wird wahrscheinlich nie zustande kommen..

Eine jetzt zugegebenermaßen etwas absurde Frage, bei 1139 Schiedsrichterinnen (Herren-SR: 74 638; Stand: 1. 1. 1996, Anm. d. Hrsg.) im gesamten DFB-Bereich. Würden Sie es begrüßen, wenn eine Gleichstellungsstelle vom DFB eingerichtet würde, die fordert: 50 % der Schiris müssen – über alle Ligen verteilt – Frauen sein?

Ich würde es sehr begrüßen, wenn es 50 % Schiedsrichterinnen, auf die Gesamtzahl der im DFB-Bereich aktiven Schiedsrichter gerechnet, geben würde. Wenn es dann so viele Frauen geben würde, gäbe es meiner Meinung nach automatisch eine Gleichstellung zu den Männern.

Wurden Sie bei der Ausübung des Schiri-Amtes ‚sexuell' belästigt oder beleidigt?

Ich bin bis jetzt nur einmal ‚sexuell' beleidigt worden, und zwar auf eine sehr primitive Art. Das war von einem Vater. Der konnte es offensichtlich nicht verkraften, daß sein Sohn mit seiner Mannschaft den Platz als Verlierer verlassen mußte.

Ist es für den Fußballsport insgesamt gesehen eine Bereicherung, daß Frauen Fußball spielen und auch das Schiedsrichteramt bekleiden?

Ich glaube schon, daß es für den Fußball eine Bereicherung ist. Tatsache ist, daß es im Damenfußball zu keinen Ausschreitungen kommt und rote Karten wesentlich seltener vorkommen als bei den Männern. Weiter habe ich den Eindruck, daß die Frauen, sei es als Spielerinnen oder Schiedsrichterinnen, ihre Aufgabe sehr viel ernster nehmen und: sie sind vor allem auch mit dem Herzen voll dabei. Ich bin sehr ehrgeizig und strenge mich immer ein wenig mehr an, um meinen männlichen Kollegen zu zeigen, daß ich in der höheren Klasse die Spiele leiten kann. Trotzdem: Die Schiri-Frau sollte auch Frau bleiben, wenn Sie ihrem Hobby der Schiedsrichterei nachgeht und sich nicht als Herrin auf dem Platz aufspielen.

Was den Damenfußball angeht: Immer mehr Zuschauer finden, daß es eine Bereicherung ist, wenn Frauen Fußball spielen. Im technischen und taktischen Bereich ist da eine Menge passiert und spannende und schöne Spiele gibt es hier genauso wie bei den Herren. Nur nicht so athletisch, aber das ist klar. Außerdem würde es der weiblichen Art auch nicht unbedingt entsprechen.

Zum Geheimnis Ihres Erfolges als Schiedsrichterin.

Geheimnis? Ganz einfach: Das Geheimnis meines Erfolges ist der Spaß am Fußball und die Spielerinnen und Spieler so zu sehen, wie sie sind und daß diese auch Spaß am Fußballspielen haben wollen. Darüber hinaus finde ich, daß es sehr wichtig ist als Schiedsrichterin, wie übrigens für jeden anderen Schiedsrichter auch, seine Leistung zu überdenken. Da gehört schon einiges dazu. Das oft bemühte ,Fingerspitzengefühl' ist ebenso wichtig und ich muß halt unterscheiden können ob ein Spieler sich jetzt rein emotional oder überlegt gegenüber dem Schiri äußert. Ich finde es ist außerdem nur von Vorteil, wenn man seine eigenen Fehler eingestehen kann. Dadurch ist die Akzeptanz der Spieler und Spielerinnen hinsichtlich meiner Entscheidungen sicherlich höher und ihnen wird damit auch das Gefühl vermittelt, daß der Schiedsrichter oder die Schiedsrichterin auch nur ein Mensch ist und somit Fehler macht.

Bevor wir dieses Gespräch abpfeifen noch eine fast unumgängliche Frage: Gibt es den ,typischen Schiedsrichter' beziehungsweise die ,typische Schiedsrichterin'?

Es gibt einen Unterschied, ganz klar. Die Regeln sind natürlich die gleichen und auch wir Frauen müssen uns daran halten. Daß wir Frauen im Gegensatz zu den Männern aber eine andere Einstellung, ich meine hier zum Beispiel im Umgang mit den Mitmenschen, haben, liegt sicherlich in den psychischen wie körperlichen Voraussetzungen der jeweiligen Geschlechter begründet. Das, glaube ich, sollte auch gar kein Thema sein und wirkt sich nach meiner Meinung nur positiv auf den gesamten Fußball aus. Andererseits gibt es noch immer *den* typischen Vertreter in der männlichen Schiedsrichterriege, der da meint, er müsse uns Frauen sagen, daß er dies oder jenes anders gepfiffen hätte. Auf *diese* Schiedsrichter, glaube ich, können wir Schiri-Frauen getrost pfeifen.

FIFA

Bernd Heynemann

Meine erste gelbe Karte habe ich selbst bemalt

Ein Blick zurück: Schiedsrichter in der DDR

Der Kameradschaftssinn unter den Schiedsrichtern zu Zeiten der DDR war weit mehr ausgeprägt als im heutigen vereinigten Fußball-Deutschland. Einer der Gründe lag sicherlich im dort praktizierten Rotationsprinzip. Es gab dadurch keine festen Schiedsrichtergespanne und jeder übernahm einmal bei dem anderen die Funktion des Linienrichters. Aufgrund dieses Prinzips haben wir sieben bis acht Mal im Jahr Spiele durchgeführt. Weiter trafen wir uns bei den zweimal im Jahr stattfindenden Lehrgängen und zusätzlich wurden noch Fahrten und Treffs mit den Frauen der Schiedsrichter organisiert. Insgesamt kann ich feststellen, daß wir uns persönlich näher standen. Einen Konkurrenzkampf unter den DDR-Schiedsrichtern gab es in der Oberliga nicht. Es waren sieben Plätze für die FIFA-Liste vorgesehen. Wer dann einmal auf der FIFA-Liste stand, konnte bis zum 48. beziehungsweise zum 50. Lebensjahr internationale Begegnungen pfeifen.

Die Anreisen zu den einzelnen Spielen mußten meist mit öffentlichen Verkehrsmitteln durchgeführt werden. Die Verkehrssituation war bekanntlich sehr eingeschränkt und so konnte es passieren, daß der Schiedsrichter zu einem Bezirkskreis- oder Bezirksligaspiel teilweise 12–14 Stunden unterwegs war, weil eben nur ein Zug hin- oder ein Bus zurückfuhr. Dieser Aufwand an Zeit stand in keinem Verhältnis zu der finanziellen Entschädigung von 10 Ostmark, die in aller Regel für die Verpflegung aufgebraucht wurden. Die Schiedsrichtersituation war genauso prekär wie in der heutigen Bundesrepublik. Die Kreisligaspiele konnten, wenn überhaupt, nur mit einem Schiedsrichter besetzt werden. Linienrichter gab es in diesen Spielen äußerst selten. Bereits vor zehn beziehungsweise fünfzehn Jahren mangelte es auch in der DDR an

Schiedsrichternachwuchs und wenn es an Nachwuchs mangelt, mangelt es nachher in der Spitze an der Qualität. In der DDR-Oberliga erhielten wir für die Spielleitung 20 Mark. Diesen Betrag erhielten ebenfalls alle anderen Kampf- und Schiedsrichter, gleich in welcher Sportart. Der Präsident des Deutschen Turn und Sport Bundes (fortlaufend DTSB) Manfred Ewald vertrat die Auffassung, wir erbringen die gleiche Leistung wie ein Kampfrichter im Hochsprung, der die rote Flagge hebt, wenn zum Beispiel die Latte gerissen war. Wir waren also, so absurd es klingen mag, mit den anderen Kampf- und Schiedsrichtern gleichgeschaltet.

Schiedsrichterausrüstung bekamen wir grundsätzlich keine, nicht mal in der höchsten Klasse. Ich mußte mir meine Schiedsrichter-Ausrüstung selbst zusammenbasteln. Ich erinnere mich noch sehr gut daran, daß meine erste gelbe Karte ein Stück Papier war, das ich mit gelber Tusche bemalt und dann in eine Ausweishülle gesteckt hatte. Als Oberliga-Schiedsrichter hatte ich öfters die Möglichkeit, ins Ausland zu fahren und nahm mir dann die Schiedsrichterausrüstung westlichen Standards mit. Ansonsten wurde ein schwarzes Oberhemd umfunktioniert und beim Dienstleistungskombinat mit einem weißen Kragen versehen. Als Schiedsrichterhose fungierte ein kurzer Schurz, den ich schwarz einfärben ließ. Lediglich die Stutzen konnte ich im Sporthaus ohne Probleme bekommen. Das Angebot an Sportschuhen war ebenfalls sehr beschränkt. Üblich waren Marken aus der DDR oder der Tschechei. Westliche Sportschuhe bekamen wir wenn überhaupt dann über Beziehungen zu einem Fußballklub, deren Spieler mit importierten Schuhen ausgestattet waren. Ich verdiente, wie bereits erwähnt, bei den Oberliga-Spielen so gut wie nichts. Das einzige was für uns Schiedsrichter interessant war, waren die Fahrten ins Ausland. Wenn ich Glück hatte, kam ich ein- bis dreimal im Jahr in diesen Genuß. Die Fahrten ins kapitalistische Ausland waren auch deshalb lukrativ, weil die Tagessätze in Schweizer Franken ausgezahlt wurden. Ich konnte das Geld im Prinzip behalten und dann in einem DDR-Intershop umsetzen. Was ich abgeben mußte, waren die Reise- und Hotelkosten im Inland, die jeder Schiedsrichter in D-Mark oder Schweizer Franken ausbezahlt bekam. Diese mußten dem DTSB abgeliefert werden.

Was noch ein wesentliches Unterscheidungsmerkmal zwischen der DDR-Oberliga und der Fußball-Bundesliga ist, ist freilich die Medien-

Ehemalige DDR-Schiedsrichter, wie Bernd Heynemann, die auf die DFB-Schiedsrichter-Liste gesetzt wurden, mußten sich umgewöhnen. Szene aus einem DDR-Oberligaspiel aus dem Jahre 1990.

präsenz vor, während und nach den Spielen. Wir ehemaligen DDR-Schiris waren es nicht gewohnt, in diesem Maße im Mittelpunkt zu stehen. Da gab es die *Fußballwoche,* eine Rubrik, wo nach den Spielen kurz der Schiedsrichter eingeschätzt wurde, aber nur verbal, nicht mit einer Note. Kritik an Schiedsrichterentscheidungen gab es in der zentralen Presse nicht; lediglich in der lokalen und regionalen Presse. Ansonsten standen wir außerhalb jeglicher Diskussion. Wir wurden in den Oberligaspielen beobachtet und die Oberligamannschaften mußten auch beide vom Spiel aus die Schiedsrichterleistung einschätzen. Interessant dabei war, daß der Durchschnitt der Beobachter nur unwesentlich vom Durchschnitt der Benotung der Klubs abwich. Das heißt also, daß sich die Klubs wirklich mit der Leistung auseinandergesetzt und sie dann entsprechend auch benotet haben. Ich sagte bereits, daß die Medien hier in der Bundesliga und im öffentlichen Leben im Vergleich zur DDR eine wesentlich größere Rolle spielen. Wir ehemalige DDR-Schiedsrichter, die auf die DFB-Schiedsrichter-Liste gesetzt wurden, mußten uns natürlich an die veränderte Situation erst gewöhnen. Nicht jeder konnte sich so verkaufen und in den Medien präsentieren. Mittlerweile habe ich mich daran gewöhnt und kann damit mehr oder weniger routiniert umgehen und gerade der Schiedsrichter kann nicht frank und frei ins Mikrophon oder in den Block diktieren, sondern muß wohlüberlegt seine Äußerungen kundtun.

Zum Stellenwert des Schiedsrichters in Deutschland und anderswo oder International pfeift es sich doch meistens leichter...

Viele meiner Schiedsrichterkollegen die im europäischen Ausland oder auf anderen Kontinenten Spiele leiten, haben wie ich festgestellt, daß es in den einzelnen Ländern eine unterschiedliche Einordnung des Schiedsrichters in dem jeweiligen Fußballsystem gibt. In Deutschland wird der Fußball folgendermaßen definiert: Zwei Mannschaften, ein Ball und zwei Tore. Dann kommt 'ne ganze Weile gar nichts... Ach ja! Und dann ist da noch der Schiedsrichter. Dies ist der Stellenwert des Schiedsrichters, von der Kreisklasse angefangen bis zur Bundesliga hin. Aber, wie wir alle wissen: Ohne Schiedsrichter geht es nicht. Dies wird gerne vergessen. In erster Linie kümmert sich jeder Verein, gleich in welcher Spielklasse er spielt, um seine Mannschaften. Da werden Summen bewegt, da werden Leute bewegt, da ist alles möglich.

Der Schiedsrichter wird oft als notwendiges Übel angesehen. Im Vergleich zu den europäischen Fußballverbänden haben wir hier eine schlechtere Position, wenn ich da an Spanien, Portugal oder Italien denke. In Italien zum Beispiel kann ruhig mal „geholzt" werden, da passiert nichts. Wenn aber der Schiedsrichter schräg angesehen wird, dann kommt sofort die gelbe oder rote Karte. Ich habe noch kein Spiel erlebt, daß in Italien ein Spieler in der Serie A einen Schiedsrichter angefaßt hat. Das wird als *die* brutalste Tätlichkeit ausgelegt und der Spieler kann für ein paar Jahre seine Schuhe in die Ecke stellen und muß womöglich seine Karriere beenden. In Italien hat der Schiedsrichter eine ganz andere Position, sei es auf dem Platz oder in der Öffentlichkeit. Er ist sich dessen auch bewußt und weiß dies, ganz im Gegensatz zu seinen Kollegen in Deutschland, Holland oder Belgien.

In diesem Zusammenhang will ich noch einige Erfahrungen von der Europameisterschaft in England anführen. Schiedsrichter anderer Verbände wurden zu dieser EURO '96 analog zu den National-Teams eingekleidet. Wir, die zwei deutschen Schiedsrichterteams à vier Sportkameraden kamen nicht in den Genuß einer neuen Ausrüstung, wie es in anderen Verbänden offenbar üblich ist. Uns war lediglich ein schwarzer DFB-Anzug vergönnt. Ich finde, es hätte bei etwas mehr an Kleidung oder Ausrüstung auch unserem Ansehen und Stellenwert gegenüber Dritten gut getan.

Es ist natürlich ein Unterschied, ob ich jetzt bei einer Weltmeisterschaft wie zuletzt 1994 in den USA pfeife, in der es neben den Gruppenspielen die Finalspiele gibt und die mit einer nationalen Meisterschaft nicht zu vergleichen ist. Generell ist ein anderer Verhaltenskodex der Spieler, der Offiziellen und der Schiedsrichter festzustellen. Internationale Spiele lassen sich meist leichter pfeifen wie ein Spiel zu Hause, sei es nun ein Bundesliga- oder ein Bezirksligaspiel. Dies hat unter anderem mit dem konsequenten und dem restriktiven Umgang der Regelauslegung gerade bei internationalen Turnieren und Spielen zu tun. Nach einer gelben Karte „darf" der betreffende Spieler bei der zweiten zugucken. In der Fußball-Bundesliga kann er vier-, fünfmal zutreten, ehe er für einen Spieltag gesperrt wird. Dies mag jetzt vielleicht ein etwas überzogenes Bild wiedergeben, doch ich sehe im Vergleich von internationalen zu nationalen Spielen einen nicht unerheblichen Unterschied in der Regelauslegung. Dies setzt sich bei den Trainern fort. In der Bundesliga haben sie viele Freiheiten im Stadion, aber bei internationalen Spielen wissen sie, sobald sie die Coaching-Zone (Anmerkung: Der Bereich, in dem sich der Trainer zwischen Spielfeldrand und Betreuerbank während des Spiels aufhalten darf) verlassen, gucken sie sich das nächste Spiel von der Tribüne aus an oder müssen eine hohe Strafe an die UEFA zahlen. Diese Restriktionen produzieren freilich andere Bedingungen und wirken sich auf das Verhalten der Spieler, Trainer und Offiziellen im Grunde positiv aus.

Noch ein Wort zu den finanziellen Bedingungen. In Europa sind die deutschen Schiedsrichter recht gut gestellt. Neben Italien, Spanien und Frankreich werden wir am besten für unsere Leistung „entlohnt". Das hat sicherlich auch damit zu tun, daß dort die stärksten Ligen vertreten sind und die Umsätze und Gewinne dementsprechend eine höhere Aufwandsentschädigung für den Schiri erlauben. Ein positiver Nebeneffekt ist folglich, daß die Schiedsrichter mehr stimuliert werden. In meinen Augen ist diese Entwicklung als eine gute und richtige zu werten, wobei das jetzige Gehalt noch nicht das letzte Wort sein kann. Der Schritt zu einer besseren Dotierung des Schiris ist richtig und die Schiedsrichterkommission hat für uns, was diesen Punkt angeht, sehr gute Arbeit geleistet.

Und die Zeppelinkamera kreist über dem Spielfeld...

Das Bild des Schiedsrichters in den Medien und in der Öffentlichkeit ist im direkten Zusammenhang mit seinem Stellenwert im Fußballsystem Deutschlands zu sehen. Es wird zuerst immer der Fehler beim Schiedsrichter gesucht. Sei es nun, ob eine Abseitsstellung von drei Millimeter vorlag oder nicht. Es wird nicht analysiert, warum nun der Stürmer zwei Meter vor dem leeren Tor den Ball nicht reingetroffen hat. Da geht man großzügig darüber hinweg, dies wird abgehakt oder läuft unter der Überschrift: „Der Ball ist rund und das kann jedem passieren." Im Schiedsrichter, der bekanntlich das schwächste Glied in dieser „Fußballer-Kette" ist, wird regelmäßig versucht, den Buhmann aufzubauen. Diese Entwicklung ist alles andere als positiv zu bezeichnen oder überspitzt formuliert: Im letzten Spiel waren 19 Kameras im Stadion, dann kam noch eine Zeppelinkamera dazu und es waren schließlich 25 Kameras. Der Schiedsrichter, ein Mensch wie Du und Ich, hat aber in aller Regel nur zwei Augen, die sich in einer Höhe über dem Feld befinden, und er hat nur Bruchteile von Sekunden Zeit, sich zu entscheiden.

Wenn man das Bild genüßlich über die eigene Achse dreht, Hinterkamera, Zeppelinkamera, noch Slowmotion, dann ist das die eine Seite der Medaille. DFB-Präsident Egidius Braun hat vor kurzem gesagt, daß der Fußball von Fehlern lebt. Na klar! Warum schießt der Stürmer ein Tor? Weil der Verteidiger nicht aufgepaßt hat! Ja, so einfach ist das und im Fußballsport muß ebenso dem Schiedsrichter eine gewisse Fehlerquote zugestanden werden. Vom Schiedsrichter getroffene Fehlentscheidungen gleichen sich bekanntlich (wenn man den sogenannten Fußballexperten Glauben schenken mag) während einer Saison immer aus. Es geht nicht darum, daß brutale Fouls nicht geahndet werden und der Schiri darüber hinweggeht und sagt: Okay das hat er nicht gesehen. Nein. Es geht um die „Millimeter-Entscheidung" Abseits oder um Einwurf oder nicht Einwurf. Dies will ich aber hier nicht weiter diskutieren. Ich meine vielmehr, daß dem Schiedsrichter wie bereits erwähnt ein gewisses Maß an Fehlern zugestanden werden muß. Den Schiedsrichter in den Medien

„zerreißen“ und Stimmung gegen ihn aufzubauen mit der Folge, daß es zu Hetzkampagnen kommt und Familien massiv bedroht und beleidigt werden, kann wohl nicht im sportlichen Interesse und Miteinander sein.

Statt heißen Tee kalter Selters. Anmerkungen zur Schiedsrichterbetreuung in der Bundesliga

Ein Gast wird in der Regel empfangen, verköstigt und in unserem Fall eben betreut. Die Schiedsrichterbetreuer der Vereine sind in der Regel ehemalige Schiedsrichter. Wir sind also nicht mit einem Vereinsvertreter, sondern mit einem alten Schiedsrichterkollegen zusammen. Dies hat unter anderem den Vorteil, daß ich mich auch fachlich über bestimmte Sachen unterhalten kann. Ich will an dieser Stelle keine einzelnen Schiedsrichterbetreuer hervorheben. Generell ist das Niveau der Schiedsrichterbetreuung in der Bundesliga gut. Es gibt einige Nuancen. Ich meine hier nicht, was die Betreuung, das Essen, das Trinken und die kulturelle Seite angeht oder wenn mal irgendeine Frage oder ein Anliegen auftaucht. Es ist schlichtweg eine rein emotionale Geschichte, eine „Bauchgeschichte“. Mit dem einen Betreuer komme ich besser zurecht und mit dem anderen eben nicht. Dies ist völlig normal.

In der Kreisklasse und der Bezirksklasse der DDR wurde ich meistens nach dem Spiel zum Essen eingeladen. Dadurch hatte ich die Möglichkeit, daß ich mich mit den Mannschaften unterhalten konnte und bekam mehr Kontakt zu den Spielern. Das war oft hilfreich für die nächsten Begegnungen: Das Verständnis untereinander, für die Vereine, für die Mannschaften, aber auch das Verständnis der Mannschaften für die Sorgen und Nöte und Beanspruchungen des Schiedsrichters. Daß von der Schiedsrichterbetreuung eine Beeinflussung ausgeht, wie manchmal behauptet wird, sehe ich absolut nicht, und wenn gesagt wird, wir wohnen in den teuersten Hotels und gehen dann auch noch gut zum Essen, dann sage ich nur: Das ist für mich selbstverständlich und gehört zu einer „ordentlichen“ Schiedsrichterbetreuung dazu. Ich meine in der Relation zu den Umsätzen, die in der Fußball-Bundesliga gemacht werden, ist die Bewirtung als normal und angemessen anzusehen. Wir Schiedsrichter werden in einem entsprechenden Rahmen bewirtet und betreut und ich glaube nicht, daß irgendwer erwartet, daß wir zu McDonalds gehen oder an irgendeiner Bratwurstbude die Pommes „reinpfeifen“ sollen. Da sind drei Brathendl nicht ausschlaggebend für einen Elfmeter oder eine nicht gegebene gelbe oder rote Karte. Es ist ein absoluter Trugschluß zu sagen, durch eine übertriebene Betreuung ist ein Spiel beeinflußt wurden. Auch ich war wegen der „Nürnberger Affäre" angeklagt. Ich hatte nach dem Spiel zwischen Nürnberg und Frankfurt in der Kabine ein ‚Souvenir' entgegengenommen, das beim Club viel höher zu Buche stand, als es wirklich wert war. Hier haben sich einige Herren vom Club gütlich gehalten. Tatsache ist, daß nach Prüfung der Sachlage der DFB die Anklage gegen mich zurückzog. Weiter wurde festgestellt, daß zwar unverhältnismäßig viele Geschenke oder Sachgegenstände den Schiedsrichtern zugekommen sind, aber letztendlich keine Beeinflussung der Spiele festgestellt werden konnte. Ich meine, dies ist ausschlaggebend und festgestellt wurde: Wir haben diese Geschenke genommen, aber letztendlich haben wir korrekt nach den Regeln gepfiffen und demzufolge war es keine Manipulation, sondern eine übertriebene Betreuung. Diese Art von Betreuung gibt es seit zirka zwei, drei Jahren nicht mehr und die Vereine halten sich daran. Andererseits kann es sicherlich nicht so sein, daß im Winter in der Kreisklasse die Mannschaft einen heißen Tee bekommt und dem Schiedsrichter stellt man eine kalte Selters hin...

Ein Schlußpfiff:
Für Toleranz und die Fußballgemeinschaft

Jeder Verantwortliche im Verein sollte daran denken, daß es ohne Schiedsrichter nicht geht, daß wir Nachwuchs brauchen. Daß die Nachwuchsschiedsrichter am Anfang Fehler machen, ist klar. Und hier ist Toleranz gegenüber dem Unparteiischen gefordert. Wenn die „Fußballgemeinschaft" – wenn man von einer solchen sprechen will – die Position des Schiedsrichters neu definiert und dessen wichtige Funktion und Rolle im Fußballsport herausstreicht, wird es vielleicht für viele wieder interessanter und womöglich lukrativer sein, das Schiedsrichteramt auszuüben. Der Slogan der Hamburger Schiedsrichter: „Schiedsrichter sind entscheidende Leute", sollte eigentlich von allen, die gerne Fußball spielen und an dieser Sportart interessiert sind, beherzigt werden.

Desmond Morris

Die Stammesschiedsrichter[5]

Schiedsrichter und Verbände

Hoch über den einzelnen Fußballstämmen thronen die vornehmen Stammesrichter. Von den meisten der örtlichen Stammesräte respektiert und gefürchtet, reichen diese ranghöchsten Funktionäre und ihre Organisationen, die Nationalverbände, Ligaausschüsse und internationalen Vereinigungen, ihre Urteile und Strafen herunter, regeln Streitigkeiten und setzen die Regeln für Stammesschlachten fest.

Für den durchschnittlichen Stammesangehörigen, den Fan auf der Tribüne, sind die Stammesrichter kaum interessant, und er schenkt ihnen höchstens einen flüchtigen Gedanken. Sie existieren lediglich als die Organisatoren des Terminkalenders der Saison, die entscheiden, wer wann wo gegen wen zu spielen hat. Der Fußballfan weiß, daß sich irgend jemand um diese Sachen kümmern muß, sieht in den Stammesrichtern aber wenig mehr als Laufjungen, die Tabellen zusammenstellen und die Schauplätze großer Meisterschaften festlegen. Sie sind in seinen Augen graue Schattenfiguren von geringem Bekanntheitsgrad, wenn man sie mit den wahren Stammeshelden, den Spielern auf dem Platz vergleicht.

Für die Spieler selbst sind die Stammesrichter die älteren Oberaufseher, von denen sie vor Disziplinargerichten Schelte empfangen, wenn sie sich schlecht benommen haben, oder die ihnen vor einem bedeutenden Cup-Finale oder einer internationalen Begegnung die Hand schütteln.

Ihre wichtigste Aufgabe besteht jedoch ohne jeden Zweifel darin, die Stammeswürde und den Ruf der Fairneß aufrechtzuerhalten. In der ungemein spannungsgeladenen Konkurrenzatmosphäre des modernen

5 Entn. a. Desmond Morris: Das Spiel, München 1981.

Fußballs ist es ihre Aufgabe, sicherzustellen, daß keine Spur von Doppelbödigkeit oder dubiosen Praktiken den geheiligten Sport entweiht. Das Fußballritual muß unbestechlich, die Leitung der Clubs und ihre Wettkämpfe müssen peinlichst fair sein, oder alles ist verloren. Auf jede Kleinigkeit, die ihren eigenen Worten zufolge „das Spiel in Mißkredit bringt", stürzen sich die Stammesrichter und bestrafen sie auf die strengstmögliche Art.

Die Tatsache, daß alle großen Fußballorganisationen im Grunde das absolute Monopol besitzen, verleiht ihnen fast Feudalgewalt, die sie mit der Strenge eines Militärgerichts ausüben. Sie wurden oft wegen dieser harten Haltung kritisiert, die in unseren modernen, demokratischen Zeiten nicht mehr recht am Platz scheint. Doch zu ihrer Verteidigung muß gesagt werden, daß sie es mit einer Anzahl von Stammesgemeinschaften zu tun haben, deren leidenschaftliche Rivalitäten untereinander in einer potentiell explosiven Situation nur durch strengste Bewertung unter Kontrolle zu halten sind. Wenn sie zeitweise hart und unbeugsam erscheinen, so muß daran erinnert werden, daß sie bis in die Gegenwart hinein die Fehden zwischen den Stämmen so erfolgreich geregelt haben, daß der Fußballsport von vielen der Krankheiten verschont geblieben ist, die andere Sportarten befallen haben. Politische Einmischung, Drogenmißbrauch, Glücksspielbanden und Finanzbetrügereien wurden auf einem Minimum gehalten, was anderswo nicht immer der Fall war. In den seltenen Fällen, wo diese Probleme *tatsächlich* innerhalb des Fußballstammes auftauchten, wurden sie schnell und geschickt eliminiert. Der Durchschnittsfan mag an solch organisatorischen Triumphen nicht interessiert sein, aber er würde bald die schädlichen Wirkungen von Korruption und unerfreulichen Außeneinflüssen zu spüren bekommen, wenn die „grauen Eminenzen" weniger erfolgreich operierten, als sie es tun.

Werden die obersten Richter des Fußballs von den Fans kaum zur Kenntnis genommen, so machen sich ihre niederrangigen Pendants desto stärker bemerkbar. Bei jedem Spiel sind die Stammesrichter durch drei unerschrockene Abgesandte repräsentiert, den Schiedsrichter und seine beiden Linienrichter. Diese reisenden Richter sind es, die den Hauptansturm der Beschimpfungen der wütenden Fans abfangen müssen, sie sind es, die im Mittelpunkt der Arena stehen und verbindliche Bewertungen in jeder Sekunde des Spiels vornehmen müssen. In der schwerfälligen Hierarchie der Stammesältesten mögen sie nur Juniorfunktionäre sein, doch sobald der Anpfiff ertönt und das Spiel läuft, sind sie die Herrscher, und keiner, nicht einmal der höchste Funktionär im Lande, darf sich in eine von ihnen getroffene Entscheidung einmischen.

Jeder Schiedsrichter hat im Verlauf des Spiels mit einem schlimmen Problem zu kämpfen: Ohne den leisesten Zweifel weiß er, daß er sich mit jeder Entscheidung bei wenigstens elf Spielern und all ihren ergebenen Fans ungemein unbeliebt macht. Nichts, was er tun kann, wird allen gefallen, und damit läßt sich schwer leben. Da er menschlich ist, wird er natürlich in gewissem Maße von der Atmosphäre des Clubs, bei dem er amtiert, beeinflußt. Es gibt immer mehr Anhänger der Heimmannschaft als Gästefans, und er ist sich der Tatsache nur zu bewußt, daß Entscheidungen zugunsten der Heimmannschaft ihn bei weitem weniger unbeliebt machen als solche gegen sie. Folglich neigt er dazu, in geringerem oder größerem Ausmaß die Heimmannschaft zu bevorzugen; er ist, in der Fußballsprache ausgedrückt, in Gefahr, zu einem Heimschiedsrichter zu werden.

Erfahrene Schiedsrichter spüren diese Gefahr so stark, daß sie den Drang, es den Heimzuschauern recht zu machen, zu bekämpfen versuchen. Den Besten gelingt das ausgezeichnet, doch die Schlechtesten versagen kläglich. War ihr Versagen zu offensichtlich, dann erzeugen sie eine unwillige, ärgerliche Stimmung bei den Gästespielern, die daraufhin gewalttätiger und härter angreifen. Schlägt die Heimmannschaft zurück, dann artet das Spiel womöglich in eine Katastrophe aus, und der schwache Schiedsrichter verliert nach und nach die Kontrolle. Geschieht dies, so werden seine Entscheidungen zunehmend ungereimter, und die Menge reagiert immer wütender. Das kann bis zu Gewalttätigkeiten auf den Rängen und außerhalb des Platzes führen. In einigen Fällen entsteht daraus ein regelrechter Aufruhr.

Heutzutage wird die Rolle des Schiedsrichters allgemein respektiert, und ernste Zwischenfälle sind selten, doch es gab zum Beispiel in den Anfangszeiten des südamerikanischen Fußballs eine Krise nach der anderen. Gewann die Heimmannschaft das Spiel nicht, mußte der Schiedsrichter buchstäblich um sein Leben bangen. Häufig mußte der Unglücksrabe verkleidet aus dem Stadion geschmuggelt werden, manchmal als Polizist oder sogar als Frau kostümiert, um der wütenden Menge zu entkommen, die drohte, ihn zu lynchen. Einige verängstigte Schiedsrichter betraten das Spielfeld mit einer versteckten Waffe. Einer bekam einen

Schlag auf die Nase, weil er ein angeblich regelwidriges Tor zugelassen hatte, und wurde von einem ganzen Team umringt, das ihn noch weiter zu verprügeln drohte, falls er seinen Entschluß nicht änderte. Als Antwort darauf zückte er schwungvoll ein Rasiermesser, das er in seinen Kleidern verborgen gehalten hatte.

Ein unglücklicher Schiedsrichter, der bei einem Spiel in Südamerika der Heimmannschaft einen Elfmeter verweigerte, wurde wegen dieser Entscheidung erschossen. Der Präsident des Clubs zog einen Revolver, zielte sorgfältig und drückte ab; die Kugel traf den Mann in den Kopf. Wieder ein anderer mußte vom Platz fliehen, nachdem er einen ortsansässigen Polizisten niedergestreckt hatte, der ihm zu nahe gekommen war. Der schnelle Haken setzte den Gesetzeshüter lange genug außer Gefecht, um es dem nun panikerfüllten Schiedsrichter zu ermöglichen, sich über den Rasen zum Tunnel in Sicherheit zu bringen. Hier blies er fieberhaft auf seiner Pfeife und versuchte verzweifelt, das Spiel zu beenden.

In Mittelamerika war die Situation ähnlich. Kurz vor Schluß eines bis dahin torlosen Spiels gewährte der Schiedsrichter dem Gästeteam einen Elfmeter. Daraufhin wurde er von der Heimmannschaft zu Tode gesteinigt. Auch in anderen Kontinenten sind solche Vorfälle nicht unbekannt. In Westafrika lief eine Heimmannschaft aus Mali bei einer Schiedsrichterentscheidung Amok, schlug den Missetäter zu Boden, zertrat seine Uhr und zwang ihn, niederzuknien und um Vergebung zu bitten. In Kopenhagen wurde ein Schiedsrichter von einer türkischen Gästemannschaft bewußtlos geschlagen, die aufgrund seiner Regelauslegung in den Schlußminuten eine Niederlage erlitten hatte.

Jeder, der eine derartig gewaltsame Attacke miterlebt hat, hegt keinerlei Zweifel an der gefährlichen Natur dieses Amtes, und man wundert sich kaum, daß es mit dem Nachwuchs an guten Schiedsrichtern nicht zum besten bestellt ist. Zum Glück sind die schlimmsten Übergriffe in letzter Zeit zurückgegangen, da in großen Fußballstadien das Spielfeld durch Barrieren geschützt worden ist. Das Niveau der Schiedsrichter hat sich dank sorgfältiger Trainingsseminare ebenfalls verbessert, und die Bestrafungen, die den Clubs bei Tumulten auferlegt werden, sind auch härter geworden. Aber wenn auch die Gefahr der Körperverletzung der Schiedsrichter fast eliminiert worden ist, so haben andere Formen der Beschimpfung überlebt, und jeder Schiedsrichter, der zu Beginn eines Spiels auf dem Platz einläuft, benötigt einen kräftigen Magen und einen kühlen Kopf. Oder wie es einer der Ihren formulierte: Der perfekte

Schiedsrichter muß eine Haut wie ein Elefant haben und so taub wie ein Türnagel sein.

Einem Außenstehenden muß es ein Rätsel bleiben, weshalb unter solchen Umständen überhaupt jemand Schiedsrichter werden möchte. Die Antwort liegt in dem leidenschaftlichen Wunsch mancher Männer begründet, eng mit dem Fußballspiel verbunden zu sein. Wenn sie als Spieler unzulänglich sind und wissen, daß sie es nie zu Spitzenspielern bringen werden, dann ist es das Nächstbeste, neben den Mannschaften als Schiedsrichter oder Linienrichter auf dem Feld zu sein. Sie mögen Spiel um Spiel beleidigt und verflucht und beschimpft werden, aber sie erleben die Aufregung des Spiels aus nächster Nähe. Darauf möchten sie trotz der zu erduldenden Obszönitäten und trotz der kümmerlichen Bezahlung nicht verzichten. Und der Rest des Fußballstammes muß ihnen dafür dankbar sein, denn ohne sie würde Chaos herrschen, und die ganze Welt des Fußballs würde sich auflösen.

Der Schiedsrichter aus der Sicht des einfachen Stammesmitglieds

1. Der blinde Schiedsrichter
Betrachtet sich selbst als Freund eines flüssigen Spiels. Scheint seine Pfeife verloren zu haben und läßt alles durchgehen. Ein Liebling der harten Männer.

2. Der ständig pfeifende Schiedsrichter
Der chronische Pfeifer hält sein Blasinstrument. als wäre es eine Zahnklammer. Unbeliebt bei den Fans, weil er jedes kleine Vergehen ahndet und den Spielfluß immer wieder unterbricht. Beliebt bei den sanften Spielern.

3. Der Heimschiedsrichter
Hält jedes böse Foul der Heimmannschaft für ein übereifriges Tackling. Betrachtet die Gastmannschaft als eine Horde von wilden Tieren und verhält sich dementsprechend. Ist gewöhnlich nervös, ängstlich, inkonsequent und aufgeregt. Leidet an der schlimmsten Krankheit, die einen

Schiedsrichter befallen kann: an dem Verlangen, geliebt zu werden. Aus mysteriösen Gründen hat er meist schneeweiße Beine.

4. Der schulmeisternde Schiedsrichter
Behandelt alle Spieler wie ungezogene Schulbuben und bedenkt sie bei jeder Gelegenheit mit gönnnerhaft-sarkastischen Blicken. Wenn er sie ermahnt, zitiert er sie mit einer herablassenden Geste zu sich. Arbeitet viel mit den Händen und mit strengen Belehrungen. Besonders verhaßt bei allen Spielern.

5. Der selbstgefällige Schiedsrichter
Makellos gekleidet. Weiß stets, wo die Fernsehkameras stehen. Verwendet großspurige Gesten und spielt oft die Fouls in seiner Gebärdensprache nach. Scheint eine Ballettausbildung genossen zu haben und benutzt angeblich ein Haarspray.

6. Der freundliche Schiedsrichter
Hat alles schon einmal erlebt und hält Humor für das beste Mittel zur Entschärfung explosiver Situationen. Er gehört meist der älteren Generation an und legt immer wieder athletische Sprints ein, um zu beweisen, daß er noch nicht alt ist. Lächelt fast ständig, wenn er eine Verwarnung erteilt, selbst wenn er die Hitzköpfe in ihrer eigenen Sprache anfährt. Der Liebling der Spieler.

7. Der vollkommene Schiedsrichter
Streng, aber gerecht. Zurückhaltend, aber entschieden. Läßt sich durch Gefühlsausbrüche und das Gebrüll der Zuschauer nicht aus der Fassung bringen. Durch bestimmte Unschuldsbeteuerungen nicht zu beeindrukken. Kann ein faires Rempeln von einer Rüpelei auf 50 Meter unterscheiden. Eine seltene Spezies, die aber noch nicht ganz ausgestorben ist.

Pause

Zum Pausentee

(Presse-Agentur-Meldungen aus dem 1. Halbjahr 1996)

Kruzifix – Schiri zeigte gelbe Karte

Bekreuzigungen gehören nicht aufs Fußballfeld. Meint der schottische Schiri Jim McGilvray. Er zeigte Rod McDonald vom FC Patrick Thistle, dessen Fans überwiegend katholischen Glaubens sind, die gelbe Karte: Der hatte sich beim Gang zum Pausentee, wie immer, bekreuzigt. Und zwar vor den traditionell protestantischen Fans der Glasgow Rangers. Weil McDonald später vom Platz flog, muß der Verband entscheiden: Durfte er sich bekreuzigen?

Schiedsrichter als Amokläufer

Schiedsrichter Vila Nova hat bei einem brasilianischen Meisterschaftsspiel einem Spieler einen Kinnhaken verpaßt. Vila Nova war über eine Beleidigung des Spielers Semilde, der im Team von Urubuetama im Match gegen Ferroviario stand, erbost und landete den Fausthieb. Semilde antwortete mit einem Tritt gegen den Referee, der daraufhin von anderen Spielern zurückgehalten werden mußte...

Fußballer schlug zu: Schiedsrichter in Klinik

Dieser Prozeß ist wohl einmalig in Bayern: Ein Fußballer des Bezirksligisten FC Loppenhausen (Unterallgäu) soll im Mai bei einem Spiel gegen den TSV Dietmannsried den Schiedsrichter krankenhausreif geschlagen haben! Der Täter (29) leugnete und die Zeugen widersprachen sich je nach Mannschaft heftig. Ein Loppenhausener Fan, der nichts gesehen haben wollte, wurde wegen Verdachts des Meineid sogar in Handschellen abgeführt! Doch das Amtsgericht Kempten verurteilte den Fußballer zu 5200 Mark Strafe. Das Sportgericht sperrte ihn für 18 Monate.

Handy rettete Schiedsrichter

Ein von wütenden Fans verfolgter Schiedsrichter konnte sich nur dank seines Handys retten. Im italienischen Fiesole konnte er sich in eine Umkleidekabine flüchten und die Polizei rufen. Der Schiedsrichter hatte den Gästen einen umstrittenen Freistoß gegeben, den diese zum Siegestor nutzten.

Schlange gegen Schiedsrichter

Schiedsrichter leben gefährlich, in Bulgarien ganz besonders. Nach dem Lokalderby zwischen Lewski und ZSKA Sofia (0:1) warfen aufgebrachte Lewski-Fans eine lebende Schlange auf Schiedsrichter Veselin Bogdanov. Das Reptil verfehlte den Unparteiischen nur knapp und wurde von einem Polizeibeamten mit einem Knüppel erschlagen. Daraufhin gab es eine größere Rauferei.

Schlimmer Vorfall

Ein Linienrichter ist in der holländischen Amateurliga beim Spiel DJSC Rotterdam gegen SCV Garuda von Spielern der Gäste bewußtlos geschlagen worden, weil der Schiedsrichter einen Treffer der Gastgeber anerkannte.

2. Halbzeit

Gunter A. Pilz

Schiedsrichter und Fußballspieler, Polizei und Hooligans

Zum Konflikt zwischen sozialer Kontrolle und der Entwicklung/Erhaltung von Eigenverantwortung

„Kohler muß damit rechnen, daß sich ein van Basten wehrt. Der Jürgen Kohler ist einer der austeilt, also muß er auch damit rechnen, daß er mal was einzustecken hat und der van Basten ist einer, der sich nichts gefallen läßt, sondern der auch – wenn es notwendig ist, und wenn es sogar sein muß – mit unfairen Mitteln zurückzahlt und dafür ist dann wieder der Schiedsrichter da, dies zu unterbinden."
(Franz Beckenbauer in einem Filmbeitrag der ZDF-Sportreportage vom 27. 5. 1990 zu Foulszenen aus dem Europacup-Spiel München-Mailand)

„Wenn der Schiedsrichter nicht gepfiffen hat, war es kein Handspiel"
(So ein Bundesligaspieler zu einem Fernsehjournalisten, nachdem ihm per Zeitlupe nachgewiesen wurde, daß er das Tor mit der Hand erzielt habe.)

„Angolin (= der italienische Schiedsrichter; Anm. d. Autors) war anzulasten, daß das Duell auf den Eintrittskarten als freundschaftliches Länderspiel angekündigt, schon früh durch häßliche und überflüssige Fouls geprägt wurde.
(Auszug aus dem Spielbericht über das Fußball-Länderspiel Österreich – Deutschland in der Hannoverschen Allgemeinen Zeitung vom 30. 10. 1986)

„Wenn es Verletzte oder gar Tote gibt, sind nicht wir schuld, sondern die Polizei, die nicht rechtzeitig genug eingegriffen hat."
(Hooligans, auf die Frage bezüglich der Verantwortung für ihr Verhalten, wenn Polizei anwesend ist)

„Es kann doch nicht sein, daß ich einfach einen Molli werfen kann und die Polizei nichts macht, ... das ist doch Scheiße, daß das zugelassen wird"
(14-jähriger Molotowcocktailwerfer in Rostock)

Diese Zitate weisen auf einen interessanten, pädagogisch äußerst problematischen Sachverhalt hin. Der Schiedsrichter als Wächter der Regeln und des Fair Play, wie auch die Polizei, als Hüter von Recht und Ordnung, tragen ungewollt dazu bei, daß sich immer mehr Menschen für ihr Fehlverhalten nicht verantwortlich fühlen. Erlaubt ist, was Schiedsrichter oder Polizei nicht ahnden, bzw. nicht sehen.

In diesem Beitrag soll dieser Problematik ein wenig genauer nachgegangen, und dabei Ähnlichkeiten zwischen dem Verhalten von Hooligans gegenüber der Polizei und von Fußballspielern gegenüber dem Schiedsrichter herausgearbeitet werden. Dabei soll zunächst in einem kleinen sozialhistorischen Exkurs auf die Entstehungsgeschichte des Fair Play und die Einführung des Schiedsrichters im Fußball eingegangen werden. Dies ist mehr als nur eine „gliederungsstrategische Pflichtübung": Nur wenn man die Wandlungsprozesse studiert, erkennt man, warum die Unfairneß im modernen Leistungs- oder besser „Erfolgs"-Sport zu einem Problem geworden ist, begreift warum durch die Einführung der Institution des Schiedsrichters und der Polizei sich Menschen zunehmend nicht mehr für ihr Fehlverhalten verantwortlich fühlen, warum die Institution des Schiedsrichters zu einem pädagogischen Problem werden kann.

Entstehungsgeschichte des Fair Play – Einführung des Schiedsrichters

Es waren die Mitglieder der englischen Mittel- und Oberschicht, die Werte und Normen der Fairneß „erfanden". Das Fair Play erfuhr im viktorianischen Zeitalter Englands seine eigentliche, heutige inhaltliche Ausformung und Festlegung auf

- die Herstellung der Chancengleichheit,
- die **freiwillige** Unterwerfung unter die Regeln und
- die Achtung des Gegners als Partner im sportlichen Wettkampf (LENK/PILZ 1989).

Das Wesen das Fair Play läßt sich entsprechend in vier Sätzen zusammenfassen (GUTTMANN,1987):

- Der faire Spieler muß sich **selbstverständlich an die Regeln halten**
- Er muß sein bestes tun, das Spiel **innerhalb der Regeln** zu gewinnen
- Er muß, um zu seiner Bestleistung herausgefordert zu werden, den bestmöglichen Gegner suchen und diesem Gegner jede Möglichkeit geben, seine Bestleistung hervorzubringen

- Der faire Zuschauer muß unparteiisch sein

Fair Play bedeutet also mehr, erheblich mehr, als „nur" die Regeln einzuhalten.

Die englische „Freizeitschicht" betrieb dabei im wesentlichen den sportlichen Wettkampf als reinen Selbstzweck. „Einem Aristokraten war der Sieg gleichgültig, ja verdächtig. In der Presse – außer den Hofblättern – genannt und gerühmt zu werden, galt als unfein" (LENK/PILZ 1989).

Das Ergebnis war weniger wichtig als das gemeinsame sportliche Handeln, der Weg wichtiger als der Sieg. Diese Einstellung scheint aber nur so lange realisierbar, als der Sport Selbstzweck bleibt. Genau aufgrund dieser Überlegungen und Einsichten führte die englische Oberschicht Amateurregeln ein. Da deren Einführung auch auf einen zentralen Punkt der Fairneß-Problematik des heutigen Sports hinweist, lohnt sich an dieser Stelle ein kleiner Exkurs in die Entstehungszusammenhänge der Amateurregeln.

In ihrem ursprünglichen Sinne dienten die Amateurregeln dazu, die Arbeiterklasse aus bestimmten Sportarten auszuschließen. Durch die Amateurregeln wollte die Oberschicht die Arbeiterklasse vom sportlichen Wettkampf fernhalten, um den Sport „sauber", sprich: fair zu halten. Die Arbeiterklasse verstehe das Prinzip der Fairneß und des Gentleman-Sports nicht. DUNNING/SHEARD (1979) fassen die Prinzipien, die sich hinter diesem Amateurethos verbergen, zusammen:

1. Sport wird als „Selbstzweck", einfach um des Vergnügens willen, das damit verbunden ist, betrieben. Damit korrespondiert die Verachtung von Einstellungen, die den Sieg um jeden Preis anstreben.
2. Selbstbeherrschung und vor allem die Zurückhaltung von Gefühlsausbrüchen bei Sieg und Niederlage.
3. Die Vorstellung des „Fair-Play", d.h. der Chancengleichheit zwischen den am Wettkampf beteiligten Seiten verbunden mit der **freiwilligen Unterwerfung unter die Regeln** und einer ritterlichen Haltung, der „freundschaftlichen Rivalität" zwischen den Opponenten.

Gemäß diesem Ethos folgt der Sport im Idealfall allein dem Ziel, Spaß, Vergnügen und Freude zu bereiten.

„Ein solches Ethos drückt den Wohlstand und die Unabhängigkeit der Public-School-Elite aus, drückt aus, daß die Angehörigen dieser Schicht, die sich diese Muße leisten konnten, glaubten, sie könnten Sport hauptsächlich zum eigenen Vergnügen betreiben. Grundlegend für dieses Ethos war die strenge Unterscheidung von Arbeit und Muße. Professionalisierung, so glaubte man, würde aus dem Spiel, das Sport war, Arbeit machen und so sein Wesen zerstören. Es war zu logisch, daß die Public-School-Elite sich gegen Pokalwettbewerbe und Ligen aussprach. Dies würde eine zu ernste Haltung gegenüber dem Sport einnehmen und der Sport würde gewalttätiger" (DUNNING/SHEARD 1979).

So zeigt auch die historische Entwicklung des Regelwerks im Fußballsport, wie stark Regelvereinbarungen und Rigidität bzw. Offenheit sozialer Kontrolle im Spiel voneinander abhängen. Die „Cambridge-Rules", die Vorläufer unserer heutigen Fußballregeln, waren auf die sozialen Haltungen der Ober- und Mittelschicht des viktorianischen Englands zugeschnitten. Die soziale Kontrolle über das Verhalten der Spieler übte entsprechend einen wesentlichen Einfluß auf das Standesethos der Gentlemen und den Geist des Fairplay aus. **Bestimmungen über den Strafstoß,**

den Schiedsrichter oder gar über den Platzverweis fehlten völlig. Der Schiedsrichter als externe Kontrollinstanz zur Verschärfung der Sanktionen und Effektivierung der sozialen Kontrolle wurde nach McIntosh (1979) erst um 1870 nötig, als sich der Spielbetrieb auf die unteren Sozialschichten ausdehnte. Dies erforderte neue Mittel der Kontrolle. Das Standesethos der Gentlemen war eben nicht mehr für alle in gleicher Weise verbindlich. So lassen sich die Entwicklung des Regelwerks, die Verschärfung der Sanktionen im Spiel deuten: Angesichts der sozialen Öffnung des Wettkampfsports für untere Schichten konnten nur festgelegte Regeln und zusätzliche externe Kontrollinstanzen die soziale Kontrolle gewährleisten. Ein weiteres kam hinzu: Die Professionalisierung des Fußballsports, die gesellschaftliche Aufwertung des Sports und sportlicher Erfolge führten zu einer Wandlung des aristokratischen Fairneßverständnisses „Willen zum Siegen gemäß vorgegebener Regeln, eben des Fair Play, jene gleichsam ritterliche Einstellung" hin zur „vulgären Verbissenheit des Siegens um jeden Preis" (BOURDIEU 1986).

Foulspiel und Hooliganismus als Modernisierungsrisiko

Es ist nun das Verdienst von BLINKERT (1988), aufgezeigt zu haben, daß sich im „Verlauf industriewirtschaftlicher Modernisierung in zunehmendem Maße ein *ganz spezifischer Typ der Orientierung gegenüber sozialen Normen* durchsetzt" den er als *„utilitaristisch-kalkulative Perspektive"* bezeichnet. Der mit der industriewirtschaftlichen Modernisierung verbundene Trend zur Ökonomisierung und Prozeß der Rationalisierung und Individualisierung führen dazu, daß verstärkt Situationen entstehen, in denen „eine größere Zahl von Normadressaten die Kosten für illegitimes Verhalten als niedrig und den Nutzen von abweichendem Verhalten als relativ hoch einschätzen" (BLINKERT 1988). Illegitimes Verhalten wird entsprechend nicht als pathologisch angesehen, sondern als durchaus rationale Form der Konfliktlösung. Dies kann so gar soweit gehen, daß der Verzicht auf Regelverstöße als pathologisch, zumindest als dumm und naiv gebrandmarkt wird. Es mag in diesem Kontext bezeichnend sein, daß der Manager von Bayer 04 Leverkusen, Reiner Calmund, den öffentlich heftig kritisierten Trainerwechsel von Saftig zu Stephanovic wie folgt rechtfertigte: *„Lieber einen erfolgreichen Drecksack als Trainer, als einen lieben Jungen ohne Erfolg"* (Süddeutsche Zeitung, 10. 5. 1993)

Aufgrund dieser hedonistischen, kosten-nutzen-kalkulierenden Haltung, die sich zunehmend in modernen Industriegesellschaften und damit auch im Hochleistungs(Erfolgs-)sport ausbreitet, aufgrund der Ökonomisierung, Individualisierung und Rationalisierung des heutigen Leistungssports, können wir anlehnend an BLINKERT (1988) Hooligans, genauso wie Fußballspieler, die im Interesse des Erfolges bewußt die Regeln übertreten, als die Avantgarde eines neuen Identitätstyps bezeichnen, die sich keineswegs abweichend verhalten, sondern – um es mit den Worten BLINKERTs (1988) zu sagen – in einer „fatalen Weise überangepaßt sind an die Mobilitäts- und Flexibilitätserfordernisse unserer Gesellschaft“ und des Erfolgssports. Soziale Normen haben eben in wachstums- und erfolgsorientierten Handlungsfeldern – wie BLINKERT (1988) zu Recht konstatiert – „die Bedeutung von Alternativen. Man kann sich für aber auch gegen sie entscheiden – und zu welcher Entscheidung man kommt, hängt von Opportunitätserwägungen ab.“ Die Dominanz der technokratischen Moral des „Alles-oder-Nichts“, wie auch den Hooliganismus im Fußballsport, können wir entsprechend als eine Folge der Modernisierungsprozesse unserer Gesellschaft, der Kommerzialisierung und Professionalisierung des Sports begreifen. Sie enthalten in exakter Spiegelung die einseitigen Werte und Verhaltensmodelle des verbreiteten Zeitgeistes: Elitäre Abgrenzung, Wettbewerbs-, Risiko- und Statusorientierung, Kampfdisziplin, Coolness, Flexibilitäts- und Mobilitätsbereitschaft, Aktionismus, Aggressionslust, Aufputschung und atmosphärischen Rausch. Der Psychologe der Justiz-Vollzugs-Anstalt Hameln, Jens Weidner, weist denn auch daraufhin, daß das Persönlichkeitsprofil der gewalttätigen Hooligans, der Schwerstgewalttäter in deren Selbstbeschreibung dem eines mittleren deutschen Managers oder Spitzensportlers entspricht: Freundlich-locker, cool-knallhart, durchsetzungsstark, respektiert, überlegen, selbstbewußt, Menschenkenner.

Der Prozeß der Individualisierung und Rationalisierung hat dabei nach BLINKERT (1988) für illegitimes Verhalten folgende Bedeutung:

1. *Die Herauslösung aus Traditionen, sozialmoralischen Milieus und institutionellen Bindungen ist mit einem Abbau der Bedeutung von fixierten und vorentworfenen Handlungen verbunden. Das Individuum kann und muß zwischen Alternativen entscheiden. Dabei spielt dann das Abwägen dieser Alternativen nach Kosten und Belohnungen, nach Erfolgs- und Mißerfolgswahrscheinlichkeiten eine große Rolle. Konformität*

oder Abweichung wird in zunehmendem Maße von dem Ergebnis eines Risiko-Nutzen-Kalküls abhängig.

2. *Die Bedürfnisse des Individuums werden zum einzig maßgeblichen Bezugsrahmen für das Handeln. Es entsteht eine ‚hedonistische Orientierung', die Befriedigung individueller Bedürfnisse wird vorrangig.*

3. *Die geringe Verankerung des Individuums in Institutionen und sozialen Bezügen hat zur Konsequenz, daß bei der Entscheidung zwischen Alternativen die* ***externen Kosten eigenen Handelns –...– kaum noch eine Rolle spielen.***

Verlust der Selbstregulierungsmechanismen

Wie problematisch, ja dramatisch gerade dieser letzte Punkt ist, zeigt die Tatsache, daß nahezu alle Fußballspieler, wie auch nahezu alle Hooligans ein gemeinsames Merkmal aufweisen: Sie haben oder entwickeln keine Schuldgefühle bezüglich ihres Gewalthandelns, bzw. ihre Regelverstöße, und die früher im großem Umfange vorhandenen Selbstregulierungsmechanismen gehen in der Fan- und Hooliganszene, wie auch im Wettkampfsport immer mehr zurück. Hooligans verhalten sich wie die Fußballspieler. Sobald Fußballspieler den Platz betreten, lassen sie die Verantwortung für ihr Verhalten in der Kabine: Erlaubt ist nicht, was das Regelwerk vorschreibt, sondern alles, was der Schiedsrichter nicht sieht bzw. nicht pfeift. Und bei den Hooligans: erlaubt ist nicht, was das Gesetz vorschreibt, sondern was die Polizei nicht unterbindet. „Wenn es Verletzte oder gar Tote gibt, sind nicht wir schuld, sondern die Polizei, die nicht rechtzeitig genug eingegriffen hat." Dabei entwickeln Hooligans – und auch hier unterscheiden sie sich in nichts von ambitionierten Fußballspielern, ja selbst den Sportjournalisten – ein sehr ambivalentes Verhältnis zur Polizei, beziehungsweise zum Schiedsrichter: Auf der einen Seite wird beklagt, wenn die Polizei oder der Schiedsrichter konsequent eingreifen und damit mögliche Auseinandersetzungen bereits im Keime ersticken. Bei Sportjournalisten liest sich dies dann so: „Der Schiedsrichter hat durch seine kleinliche Regelauslegung – was ja nur bedeutet, daß er entsprechend den Regeln gepfiffen hat – das Spiel zerpfiffen." Auf der anderen Seite finden sie es aber auch nicht gut, wenn die Polizei oder die Schiedsrichter gar nicht oder zu spät eingreifen. Dann werden Schiedsrichter oder Polizei die Schuld für die Eskalation der Gewalt in die Schuhe geschoben. So stufen Fans und Hooligans Bundesligastädte und -stadien danach ein, wie gut oder wie schlecht man sich dort prügeln kann und entsprechend stellen sie sich darauf ein. Ganz ähnlich wie die Fußballspieler und Trainer, für die die Person des Schiedsrichters und seine Art der Regelauslegung zu einem festen Punkt bei der Festlegung der Spieltaktik und Mannschaftsbesprechung geworden sind.

Schiedsrichter und Polizei als situative, aggressive Hinweisreize

In ihrer Untersuchung zum Zuschauerverhalten im Fußballsport haben GABLER/SCHULZ/ WEBER (1982) nachgewiesen, daß nach dem Erleben von Fußballspielen allgemein die Bereitschaft zu aggressiven Handlungen ansteigt. Mehr noch, vor allem bei Spielen, in denen es sehr hektisch zuging, bei Spielen mit vielen Fouls, mit gelben und roten Karten steigt die Gewaltbereitschaft der Zuschauer signifikant an. Die Gewalt auf dem Rasen verstärkt also die Emotionalität und Aggressivität, die Gewaltbereitschaft auf den Rängen. Mit dieser Erkenntnis gewinnen die Ergebnisse des Gutachtens „Sport und Gewalt" (PILZ u.a. 1982, 13 f) eine zusätzliche Brisanz: Dort wird darauf hingewiesen, daß die von den Fußballspielern verinnerlichte Moral des fairen Fouls auch die Erwartungshaltung der Zuschauer beeinflußt. Regelverletzungen im Interesse des Erfolgs der eigenen Mannschaft werden als legitim angesehen und entsprechend gefordert. Die dabei oft starke Identifikation eines Teils der Besucher mit der eigenen Mannschaft führt zu einer äußerst subjektiven und einseitigen Bewertung gewaltförmiger Verhaltensweisen: Fouls der eigenen Mannschaft werden bejubelt, verharmlost und damit verstärkt, Fouls der gegnerischen Mannschaft umgekehrt dramatisiert. In diesem Kontext gewinnt die These vom Schiedsrichter als ‚situativem aggressiven Hinweisreiz' (PILZ/TREBELS 1976) eine besondere Bedeutung. Gerade beim Fußballspiel ergeben sich Ausschreitungen unter den Zuschauern als direkte Reaktion auf Schiedsrichterentscheidungen. Dabei tragen die Spieler selbst nur zu oft durch gestenhaftes Verhalten wie „Schwalben", ungerechtfertigtes Reklamieren eines Einwurfs oder Eckstoßes dazu bei, daß die Zuschauer gegen den Schiedsrichter aufgebracht werden, und eine gefährliche Emotionalisierung der Zuschauer erfolgt. Fußballspieler scheinen dabei im Laufe ihrer Fußballkarriere so etwas wie einen „angeborenen Reflex" entwickelt zu haben, denn immer, wenn der Ball ins Tor- oder Seitenaus geht, gehen automatisch die Hände der sich in Nähe des Balles sich befindenden Spieler hoch, um dem Schiedsrichter zu signalisieren, wem der Einwurf zu gesprochen werden muß, bzw. ob er auf Eckball oder Abstoß zu entscheiden hat. Zu Recht wird deshalb im Gewaltgutachten der Bundesregierung gefordert, daß im Interesse der Kontrolle und Prävention der Gewalt im Stadion, verstärkt Nachdruck auf das Fair Play gelegt wird, daß Regelverletzungen stärker geahndet und Schiedsrichter besser geschult werden, ja daß auch Regelveränderungen im Sinne der Verhinderung, zumindest Reduzierung absichtlichen Foulspiels und Förderung des Fair Play, kein Tabu mehr sein dürfen (vgl. LÖSEL u.a. 1990; REMSCHMIDT 1990; SCHWIND/BAUMANN u.a. 1990). Ganz ähnlich wirkt nicht selten die Polizei ungewollt als situativ-aggressiver Hinweisreiz, sei es durch die Art ihres Auftretens, sei es aber auch durch die Wahrnehmung und Interpretation polizeilichen Eingreifens durch Nichtbeteiligte, die nicht selten zu Solidarisierungen und gemeinsamen Aktionen gegen die Polizei führen.

Egal was und wie sie entscheiden, Schiedsrichter und Polizei befinden sich in einem Dilemma: Sie können es kaum allen Recht machen und aus diesem Dilemma kommen sie eigentlich auch nicht richtig heraus.

Was können wir tun? Mehr Mut zu Spielen ohne Schiedsrichter

Wenn es stimmt, daß die Existenz der Polizei bzw. die Anwesenheit eines Schiedsrichters vor allem in erfolgsorientierten Situationen dazu führen, daß die dort Handelnden die Verantwortung für ihr Verhalten der sozialen Kontrollinstanz überantworten, müssen auf der einen Seite die Kosten für Regelübergriffe so hoch geschraubt werden, daß es sich für die Betreffenden nicht mehr lohnt, die Regeln zu überschreiten. Hier könnte und müßte der Fußballverband seinen Schiedsrichtern erheblich mehr den Rücken stärken.

Der Deutsche Fußballbund jedenfalls ist, ähnlich wie die FIFA, gut beraten, die Schiedsrichter dazu anzuhalten, konsequent nach den Regelwerk zu pfeifen und die gelbe und rote Karte zu ziehen. Da Fußballspieler – wie offensichtlich alle Leistungssportler und erfolgsorienterten Menschen (siehe ULRICH 1977) nach einem einfachen Kosten-Nutzen-Prinzip handeln, werden solange Regelüberschreitungen ohne Belastung des eigenen Gewissens geübt und angewendet, wie der Nutzen dieser Handlungen höher ist als die Kosten. Eine konsequente Bestrafung unfairer Handlungen ist ein wichtiger, erster Schritt in die richtige Richtung und die Erfahrungen von der Fußball-WM 1994 in der USA und der EM 1996 in England bestätigen dies.

Zum zweiten wäre zu überlegen, ob nicht vor allem im Jugendbereich solange wie möglich ohne Schiedsrichter gespielt wird, um den Kindern und Jugendlichen mehr Eigenverantwortung für ihr Verhalten zu vermitteln. Wir haben in Untersuchungen nachweisen können, daß es bei Fußballspielen ohne Schiedsrichter in Schule wie Freizeitbereich zu erheblich weniger Streitereien, Fouls und Ausfällen kommt und die Jugendlichen sich mehr mit den Regeln auseinandersetzen und diese verinnerlichen, als bei Spielen mit Schiedsrichter (PILZ/TREBELS 1976). Wie die Hooligans, die sich bei Auseinandersetzungen wo die Polizei nicht dabei ist, ihren Ehren- und Verhaltenskodexen verpflichtet, für ihr Verhalten selbst verantwortlich fühlen und sich damit auch mehr zurückhalten, so fühlen sich auch die jungen Fußballspieler bei Spielen ohne Schiedsrichter mehr für ihr Verhalten verantwortlich und zur Einhaltung der Regeln verpflichtet, als bei Spielen mit Schiedsrichter, wo man die Verantwortung leicht dem Schiedsrichter und seiner Trillerpfeife übertragen kann.

Literatur:

BLINKERT, B.: Kriminalität als Modernisierungsrisiko. In: Soziale Welt 1988, 397–412

BOURDIEU, P.: Historische und soziale Voraussetzungen des modernen Sport. In: HORTLEDER, G./GEBAUER, G. (Hrsg.): Sport – Ethos – Tod. Frankfurt 1986, 91–112

DUNNING, E./SHEARD, K. G.: Die Entstehung des Amateurideals – dargestellt am Beispiel des Rugbyfußballs. In: HOPF, W. (Hrsg.): Fußball – Soziologie und Sozialgeschichte einer populären Sportart. Bensheim 1979, 82–92

GABLER, H./SCHULZ, H.-J./WEBER, R.: Zuschaueraggressionen – eine Feldstudie. In: PILZ, G. A. u.a.: Sport und Gewalt. Schorndorf 1982, 23–60

GUTTMANN, A.: Ursprünge, soziale Basis und Zukunft des Fair Play. In: Sportwissenschaft 17, 1987, 9–19

LENK, H./PILZ, G. A.: Das Prinzip Fairneß. Osnabrück 1989

LÖSEL, F./SELG, H./SCHNEIDER, U.: Ursachen, Prävention und Kontrolle von Gewalt aus psychologischer Sicht. In: SCHWIND, H.-D./ BAUMANN, J. u.a. (Hrsg.): Ursachen, Prävention und Kontrolle von Gewalt. Berlin1990, II, 4–156

MCINTOSH, P.: Fair Play: Ethics in Sport and Education. London 1979

PILZ, G. A./TREBELS, A. H.: Aggression und Konflikt im Sport. Ahrensburg 1976

PILZ, G. A. u.a.: Sport und Gewalt. Schorndorf 1982

REMSCHMIDT, H. u.a.: Ursachen, Prävention und Kontrolle von Gewalt aus psychiatrischer Sicht. In: SCHWIND, H.-D./BAUMANN, J. u.a. (Hrsg.): Ursachen, Prävention und Kontrolle von Gewalt. Berlin 1990, II, 157–292

SCHWIND, H.-D./BAUMANN, J.u.a. (Hrsg.): Ursachen, Prävention und Kontrolle von Gewalt. Berlin 1990 (4 Bände)

ULRICH, H.-E.: Leistungssport – zwischen Idealisierung und Professionalisierung. Köln 1977

Hellmut Krug

Der Gedanke des ‚Fair Play' ist zu einer Worthülse verkommen

„Wir kennen ihn ja, das ist nichts Neues", meinte Andy Brehme mit saurer Miene nach dem DFB-Pokal Endspiel 1996 zwischen dem 1. FC Kaiserslautern und dem Karlsruher SC. Hellmut Krug hatte den 90er Weltmeister Brehme vom Platz verwiesen. Wieder einmal, wie so oft in der Saison 1995/96, stand Krug mit seiner Entscheidung in der Kritik. Seit 1986 leitet er Spiele der Fußball-Bundesliga. Auf der internationalen Fußballbühne pfeift er seit 1991 und war zuletzt bei der EM in England im Einsatz. Akkurat, kurz und prägnant, so wirkt er auf den Fragesteller und diese Attribute zeichnen ihn ebenso auf dem Platz aus. Seine Souveränität hat er sich in 23 Jahren Schiedsrichtertätigkeit erworben. Daß am Anfang seiner Schiri-Karriere sein Vater (ehemaliger Oberliga-Schiedsrichter) ihm eine große Hilfe war und ihn überhaupt erst zur Schiedsrichterei brachte, soll hier nicht unerwähnt bleiben. Dessen Ratschläge waren für ihn immer wieder wichtig und: „Gerade für einen jungen Schiri bringt es viel, wenn er von einem erfahrenen Schiedsrichter kritisiert wird", stellt Krug fest. Wir schreiten zum Anpfiff.

Haben Sie früher selbst Fußball gespielt?

Ich habe vom 6. bis zum 16. Lebensjahr selbst Fußball gespielt, allerdings ohne jemals einem Verein anzugehören.

Wie ist ihr Amt als Schiri mit Beruf und Familie vereinbar?

Meine Familie hat im Laufe der Zeit gelernt, damit zu leben. Als Sportlehrer bei der AOK habe ich zum Teil flexible Arbeitszeiten, die es mir im großen und ganzen ermöglichen, Sport und Beruf zu vereinbaren. Wenn das nicht ausreicht, muß ich einige Tage meines Jahresurlaubs opfern.

Schiedsrichter ist auch „Richter". Das heißt: Er muß zum Beispiel auch unpopuläre Entscheidungen in kürzester Zeit treffen. Bezeichnen Sie sich auch als „Richter"? und wenn ja: Sind Sie sich dieser Rolle beziehungsweise Funktion bewußt?

Meines Erachtens ist die Bezeichnung „Richter" überzogen, wenn nicht gar fehl am Platz. Zwar muß der Schiedsrichter in Sekundenschnelle entscheiden und richtet so in gewisser Weise über Situationen, dennoch ist er mehr Leiter denn Richter eines Spieles.

Sie sind als Schiedsrichter oft auch Vermittler und nicht nur „Richter". Jeder Schiri hat – unabhängig von den Regelvorgaben – eine „persönliche" Linie in der Ausübung seines Amtes. Beschreiben Sie bitte ihre „Linie". Vielleicht können Sie dabei das Spannungsverhältnis zwischen Vermittler und Richter etwas näher erläutern.

Jeder Schiedsrichter entwickelt in der Tat mit Fortdauer seiner Laufbahn eine eigene Methode, ein Spiel zu leiten. Dabei muß sein oberstes Ziel immer darin bestehen, das Spiel in Bahnen zu lenken, innerhalb derer fairer Fußball gespielt wird. Von größter Bedeutung ist meiner Überzeugung nach hierbei, daß die Spieler jederzeit die Präsenz des Schiedsrichters spüren. Das bedeutet, daß es häufig nicht ausreicht zu pfeifen, sondern daß da, wo noch keine persönliche Strafe angebracht ist, ein entsprechendes, unter Umständen energisches Ansprechen der Spieler erforderlich ist.

Ein Schiedsrichterkollege meinte einmal: „Pfeifen begeistert und macht mich glücklich."

Ich kann diese Äußerung nicht nachvollziehen. Fußballspiele in der obersten Leistungsklasse zu leiten, ist heute in erster Linie Streß. Sicherlich stellt man sich aber auch einer Herausforderung, die, wenn sie erfolgreich bewältigt wird, sich ebenso positiv für eine Person auswirkt wie die Lösung von ähnlich zu gewichtenden Aufgaben.

Wo sind für Sie die Grenzen, Schiri-Entscheidungen nachträglich aufzuheben?

Wichtig ist in allererster Linie, daß die Tatsachenentscheidung unangetastet bleibt. Wenn Schiedsrichterentscheidungen nachträglich durch DFB-Instanzen korrigiert werden, weil der Schiedsrichter einen Fehler begangen hat, ist das zwar bitter für den Schiedsrichter, aber in Anbetracht der hohen Bedeutung des Fußballs nachvollziehbar. Ärgerlich wird ein solcher Entscheid erst dann, wenn Fernsehbilder, die zu Rate gezogen werden, von den Instanzen falsch interpretiert werden oder ein anderes Urteil gefällt wird, obwohl die vorliegenden Bilder keine objektive Beurteilung der Situation zulassen.

Die Berichterstattung über Schiedsrichter in den Medien erscheint – ob nun berechtigt oder nicht – häufig negativer Art zu sein. Andererseits: Manchmal hat es den Anschein, daß einigen Reportern das Regelwerk nicht geläufig ist...

Meiner momentanen Einschätzung zufolge sind die Berichte der Medien über Schiedsrichter nicht mehr überwiegend negativ. Wir dürfen uns nicht darüber beklagen, wenn Fehler aufgezeigt werden. Beklagenswert und ärgerlich sind dagegen Berichte, die den Eindruck vermitteln, daß der Schiedsrichter zum Buhmann gemacht werden soll und bedenklich sind ohne Frage Berichte, die mangelnde Regelkenntnis beim Reporter offenkundig machen.

Daß der Schiedsrichter häufig schlechter wegkommt als der Spieler, liegt auch an der Interessenlage der Fernsehsender. Denn es ist zweifelsfrei attraktiver, einen Fußballer dem Publikum im Studio oder im Interview zu präsentieren als einen Schiedsrichter. Aber welcher soeben gescholtene Fußballer nimmt schon gerne die Einladung eben dieses Senders an?

Spätestens seit der Fußballberichterstattung von ran *wurde der Zuschauer zum Oberschiri. Mit Hilfe von vier, fünf Sequenzen wird untersucht ob ein Regelverstoß vorliegt.*

Wir leben nun mal im Medienzeitalter und die Schiedsrichter müssen sich damit abfinden, daß ihre Entscheidungen im Fernsehen geradezu seziert werden. Wird diese Form der Analyse nicht übertrieben, und werden

Hellmut Krug, Bundesliga-Schiedsrichter seit 1986 und Schiedsrichter bei der EM '96 in England, schickt den Stuttgarter Matthias Sammer beim Spiel seines VFB gegen Eintracht Frankfurt mit einer gelb/roten Karte in die Kabine (5. 10. 1991).

keine falschen Schlüsse gezogen, besteht auch kein Grund zu Einwänden. Die Stellung des Schiedsrichters wird auf diese Weise nicht verschlechtert. Denn sehr häufig untermauern Fernsehbilder auch die richtige Entscheidung des Schiedsrichters und verdeutlichen, daß der Schiedsrichter trotz des schweren Amtes seiner Aufgabe gewachsen ist.

Sie probieren seit geraumer Zeit den „Arm-Piepser" aus. Ist die Einführung eines solchen Hilfsmittels für den Schiedsrichter wünschenswert?

Der „Piepser" bringt nach meinen Erfahrungen eine ganze Reihe von Vorteilen mit sich. Unter anderem kann sich der Schiedsrichter noch mehr auf das Spiel konzentrieren und ist nicht mehr gezwungen, mal eben herauszuschauen. Denn ohnedies macht ihn das akustische Zeichen auf seinen Linienrichter aufmerksam. Auch bei Vorgängen und Vergehen im Rücken ist jederzeit eine Kontaktaufnahme zwischen Schiedsrichter und Linienrichter möglich.

Der Mannschaftssport kann gerade im Jugendbereich ein adäquater Vermittler von Normen und Werten sein, wobei der Schiri hier eine besondere Rolle spielt und sicherlich auch eine erzieherische Funktion einnimmt.

Jeder Schiedsrichter muß sich der erzieherischen Funktion, die er auf dem Platz hat, bewußt sein und seine Maßnahmen dahingehend ausrichten. Gegebenenfalls muß er seine Vorgehensweise überdenken und den Erfordernissen anpassen.

Leider ist die erzieherische Aufgabe, die der Schiedsrichter im Jugendfußball hat, ebenso wie die des Lehrers in der Schule, kaum noch zu lösen. Diesem Umstand liegt die Tatsache zu Grunde, daß der notwendige Erziehungsprozeß nicht mehr oder kaum noch in der Familie stattfindet, sondern zunehmend ausgelagert und von den Eltern Institutionen wie Schule oder Verein übertragen wird.

Wenn ein Spieler seinen Mannschaftskameraden körperlich oder verbal attackiert, kann eine gelbe Karte fällig sein. Wie haben Sie die Situation, in der Oliver Kahn in der Saison 1995/96 in Stuttgart auf Herzog losging und die mehrmals den Fernsehzuschauern regelrecht „dargereicht" wurde, gesehen?

Der Angriff von Kahn wurde vom Linienrichter wahrgenommen, aber zu Recht nicht angezeigt. Es handelte sich hier, auch meiner Meinung nach, nicht um ein Vergehen, das mit einer persönlichen Strafe hätte geahndet werden müssen – obwohl dies regeltechnisch möglich wäre. Ich würde Kahn zugute halten, daß er seinen Mitspieler mit dieser Aktion „wachrütteln" wollte.

Erinnern Sie sich an Ihr erstes Spiel, an den ersten von Ihnen ausgesprochenen Platzverweis?

An den ersten Platzverweis kann ich mich nicht mehr erinnern. Mein erstes Spiel pfiff ich 1972, ein A-Jugendspiel und war eine grausame Leistung meinerseits.

Ein Spiel, das Sie nicht so schnell vergessen werden.

Die Bundesligapartie zwischen Kaiserslautern und Frankfurt 1985. Da habe ich ein klares Handspiel zur Torverhinderung nicht gesehen.

Ihren ersten internationalen Einsatz hatten Sie 1985 als Linienrichter mit Dieter Pauly als Schiedsrichter. Neun Jahre später waren Sie WM-Schiedsrichter in den USA...

... selbstverständlich ist eine Fußball-WM immer ein Höhepunkt in der Laufbahn eines Schiedsrichters. Einerseits war ich dort sehr zufrieden mit meiner Leistung. Andererseits war am Ende bedauerlich, daß ich vor den Finalspielen abreisen mußte, da ich zu den Schiedsrichtern gehörte, deren Teams noch im Turnier waren. Dies war um so schmerzlicher, als ich zu Hause miterleben mußte, wie Deutschland im Viertelfinale scheiterte und ich demzufolge doch noch ein Halbfinale hätte leiten können.

Was hat sich Ihrer Meinung nach in den letzten 20 Jahren im direkten Umfeld des Fußballsports verändert und welche Rolle nimmt dabei der Schiri ein?

Insgesamt ist das Umfeld, zu dem ich Zuschauer, Fans, Präsidium und Trainer zähle, aggressiver geworden. Auslösende Faktoren sind die zunehmende Verwirtschaftlichung ebenso wie der (aus dieser Tatsache resultierende) steigende Druck, der auf allen Beteiligten lastet. Der Gedanke des „Fair Play“ scheint mir persönlich zu einer Worthülse verkommen zu sein. Die zunehmende Gewaltbereitschaft und Aggressivität der Zuschauer ist ein gesellschaftliches Problem, das der Fußball allein nicht zu lösen vermag.

Ohne Frage sind alle Teilnehmer an Mannschaftssportarten gezwungen, bestimmte Grundsätze, ohne die ein geregeltes Sportreiben nicht möglich wäre, zu beachten. Ein Transfer der Akzeptanz sportlicher Grundsätze auf die positive Übernahme gesellschaftlicher Werte ist also durchaus anzunehmen. In jedem Fall muß ein Fußballer auch lernen, eine Autorität, in diesem Fall den Schiedsrichter zu akzeptieren.“

REFEREE
FIFA

Edgar Steinborn

Meine Sucht ist der Fußball

Der 39jährige Edgar Steinborn betreibt seinen Sport nicht nur aus Überzeugung, nein, die Schiedsrichtertätigkeit ist ihm Alles. Im Alter von 18 Jahren beendete er seine aktive Fußballaufbahn beim SC Rheinland Sinzig. „Ich hatte die Verbindung zum Fußball nur noch über den Betriebssport. Dies war mir auf Dauer zu wenig. Irgendwie mußte ich die Verbindung zum Fußball zurückgewinnen. Wenn wir als 13-, 14jährige zusammen auf dem Bolzplatz Fußball spielten und es ergab sich eine ungerade Spielerzahl, war ich es meistens, der dann die Rolle des Schiedsrichters übernahm. Die Leitung dieser Spiele machte mir Spaß und ich wurde akzeptiert. Hinzu kamen die langjährigen Erfahrungen als Jugendspieler mit den Schiedsrichtern und ich sagte mir, das was die Schiedsrichter können kannst du schon lange. Im April 1976 entschloß ich mich dann die Schiedsrichterprüfung abzulegen." Daß Edgar Steinborn nicht nur in den unteren Klassen pfeifen wollte, war ihm von Anfang an klar. Wennschon – dennschon, dachte er sich. In den während des Lehrganges zur Schiedsrichteranwärter-Prüfung ausgeteilten Personalfragebogen antwortete er auf die Frage „Welche Spielklasse möchtest Du als höchste Spielklasse einmal pfeifen" mit: „Die Verbandsliga". Daß Steinborn dann ganz oben landen sollte, hat mehrere Gründe, vor allem aber einen, der den Sportsmann und Menschen Edgar Steinborn auch in seiner Art Spiele zu leiten als Schiedsrichter auszeichnet: Ehrgeiz und Korrektheit. Hinzu kommt sein Engagement in der Verbandsjugendarbeit, in der er seine Erfahrungen als Schiedsrichter den Jüngeren weitergibt und das Schiedsrichteramt in positiver Art und Weise darzustellen weiß. Der Zeitaufwand den er als Schiri benötigt, bedarf freilich Verständnis seitens seiner Familie als auch seines Arbeitgebers. Edgar Steinborn unterstreicht dies nachdrücklich mit folgenden Worten: „Der Fußball bedeutet mir sehr viel, doch ist ohne ein harmonisches Familienleben – ich bin verheiratet und bin Vater eines acht Jahre alten Sohnes – und einen ohne dem Sport gegenüber positiv eingestellten Arbeitgebers eine jahrelange, kontinuierliche und sportlich erfolgreiche Laufbahn nicht möglich." Ebenso wichtig sei ihm der Ausgleich von den Anstrengungen des Sports, den er in „ganz gewöhnlichen" Tätigkeiten wie dem Wandern oder im Lesen von Büchern findet. Hinzu kommt in diesem Zusammenhang ein Hobby, welches er mit vielen Deutschen teilt: der Beschäftigung mit seiner Modelleisenbahn.

Warum Schiedsrichter ?

Daß es mitunter sehr schwer ist in einer (scheinbar) individualisierten Gesellschaft (in der oft das konsumistische Verhalten im Vordergrund steht und der Gedanke des gemeinschaftlichen Handelns offensichtlich immer mehr verdrängt wird) ehrenamtliche Helfer zu finden, ist Tatsache. Fußballschiedsrichter zu finden, so Steinborn, sei durchaus vergleichbar mit einer Schatzsuche. Dabei gebe es einige wichtige Gründe, dieses Amt zu bekleiden. „Zum einen", so Steinborn, „dient die Schiedsrichtertätigkeit, wie übrigens viele andere sportliche Aktivitäten als Ausgleich zur beruflichen Tätigkeit. Außerdem nimmt sie auf die Persönlichkeitsentwicklung eines Menschen positiven Einfluß. In sportlicher und vereinsinterner Hinsicht ist anzumerken, daß durch eine genügende Anzahl von Schiedsrichtern der Verein die vom Verband geforderten Sollzahlen erfüllen kann und schließlich darf nicht vergessen werden, daß jeder Schiedsrichter freien Eintritt zu allen Ligaspielen, einschließlich denen der Bundesliga, hat. Aber wer wird Schiedsrichter? Wer hat den Mut diese schwierige Aufgabe, die ständig im Rampenlicht der Öffentlichkeit steht, zu erfüllen?" Steinborn gliedert den Schiedsrichternachwuchs in vier Gruppen auf:

„Die erste Gruppe die ich nennen will, sind die jungen Schiedsrichter. Es handelt sich bei diesen um junge Menschen, Mädchen oder Jungen im Alter von 14 bis 18 Jahren. Diese Altersgruppe geht in der Regel mit sehr viel Spaß und Freude an diese Aufgabe heran, denn für sie verbindet sich mit der Schiedsrichtertätigkeit auch eine deutliche Aufbesserung des Taschengeldes. Diese Gruppe der neu hinzugewonnenen Schiedsrichter braucht in keiner Weise motiviert werden.

Zur zweiten Gruppe gehört ein großer Teil der neuen Schiedsrichter im Seniorenbereich, der über den Spaß am Fußball und aufgrund von

Verletzungen, die ein weiteres aktives Fußballspielen nicht mehr zulassen, zu uns kommt. Dazu zähle ich auch noch die langjährigen Fußballer, die sich nicht von ihrem Sport trennen möchten und mit ihrer Erfahrung als Spieler im Schiedsrichteramt tätig sein wollen.

Eine weitere Gruppe bilden die Schiedsrichter, die aus reiner Begeisterung am Fußball und an der Schiedsrichtertätigkeit zu uns kommen. Aus diesem Bereich gehen in der Regel die Spitzenschiedsrichter hervor.

Die vierte Gruppe der neugewonnenen Schiedsrichter ist *leider* die größte. Sie gehören zu den ‚Muß-Schiedsrichtern'. Sie werden über den Verein geworben, damit diesem Sanktionen seitens des Verbandes erspart bleiben. Diese ‚Muß-Schiedsrichter' haben weder eine persönliche noch sportliche Motivation. Andererseits ist ohne sie der Fußballspielbetrieb vor allem in den unteren Klassen nicht durchführbar."

Aller Anfang ist schwer

„Nach der Prüfung", so Steinborn weiter, „kommen die Schiedsrichter vom Fußballverband Rheinland in die Gruppe der Jungschiedsrichter, denen ein erfahrener und aktiver Schiedsrichter zur Betreuung zu Seite gestellt wird. Er ist für alle Schiedsrichterneulinge *der* Ansprechpartner. Er hat außerdem ein eigens für diese Neulinge entwickeltes Lehrprogramm, welches den Anfängern den oft schwierigen Start erleichtern helfen soll. Weiter ist es wichtig, die Schiedsrichterneulinge in die Schiedsrichtergruppe zu integrieren. In den Lehrabenden bietet sich dazu Gelegenheit, die sechsmal im Jahr stattfinden. Diese Pflichtabende helfen den Schiedsrichtern immer auf dem neuesten Stand des Regelwissens zu sein, um die Spiele ordnungsgemäß leiten zu können. Darüber hinaus ist anzumerken, daß der Fußballverband Rheinland die jungen Schiedsrichter fördert und weiterbildet. So werden zum Beispiel talentierte junge Schiedsrichter über den Kreisverband an den Fußballverband gemeldet, um in Jugendturnieren Spiele zu leiten. Hier werden sie von den bereits oben erwähnten Jungschiedsrichterbetreuern beobachtet und mit Tips und Ratschlägen unterstützt. Nicht wenige dieser Schiedsrichter nahmen über die Teilnahme an diesen Turnieren einen erfolgreichen Weg und stiegen dann schnell in höhere Klassen auf. Es soll jedoch nicht unerwähnt bleiben, daß uns oft talentierte Schiedsrichter verloren gehen, weil sie von verantwortlichen Herren an der Basis nicht entdeckt worden sind.

Auf „Ballhöhe". Edgar Steinborn in der Bundesligapartie zwischen Borussia Dortmud und Bayern Müncherm in der Saison 1991/92.

Einige ‚gutgemeinte Ratschläge'

Der Schiedsrichter muß ein fundiertes theoretisches Wissen besitzen. Die Kunst ein Spiel zu leiten, besteht aber unter anderem darin, die Theorie auf dem Spielfeld richtig umzusetzen und diese im Sinne des Fußballsports anzuwenden. Wenn nach einem Fußballspiel alle fragen: ‚Ja – und wer war jetzt der Schiedsrichter?' ist fast alles gesagt. Dieser Kernsatz ist für mich neben der einheitlichen Regelauslegung ein Ziel, welches in der Ausbildung verfolgt werden muß und das heißt konkret: Der Schiedsrichter als Spielleiter und nicht als Mittelpunkt des Spieles.

Ein regelmäßiges Trainingsprogramm ist eine Grundvoraussetzung für jeden Schiedsrichter, um seine Fitneß und Kondition zu erhalten. Die Trainingsanforderungen sind meines Erachtens an der jeweiligen Leistungsklasse auszurichten. In der Praxis heißt dies, daß der Schiedsrichter immer in der Lage sein sollte, seine Entscheidungen in Spiel- und Ballnähe zu treffen. Daraus folgt wiederum, daß die Entscheidung des Schiedsrichters richtig ist und somit die Akzeptanz des Unparteiischen durch die Spieler außer Frage steht. Die meisten Fußballspiele werden erst gegen Ende der Spielzeit entschieden. Jeder der Beteiligten wird müde, die Konzentration nimmt ab. Für den Schiedsrichter aber hat diese Tatsache folgende Konsequenz: Er muß nach Spielende das Gefühl haben, noch zehn bis fünfzehn Minuten auf dem gleichen Level pfeifen zu können. Hinzu kommt sein Erscheinungsbild. Er sollte nach einem langgezogenen Sprint (freilich nach einer kurzen Verschnaufpause) in der Lage sein, sich ‚normal' unterhalten zu können. Der Spieler akzeptiert den Schiedsrichter ebenso als einen Sportler und nicht unbedingt als einen Funktionär, der mit hochrotem Kopf und außer Atem vor ihm steht und zu haspeln beginnt. Die Mannschaften haben ein Recht auf einen Schiedsrichter, der konditonell topfit ist. Dazu kommt selbstverständlich die geistige Fitneß was die Regelbestimmungen angeht: Er muß sich immer darüber klar sein, daß sein Regelwissen oft in Streßsituationen von ihm verlangt wird. Ob kritisierende Spieler, schreiende Trainer oder tobende Zuschauer, sie alle lassen dem Schiedsrichter keine Zeit um tief in sich hineinzugehen: Er muß sofort und regelkonform entscheiden. So selbstverständlich und wichtig dies hier scheint, mag auch der folgende Hinweis sein: Die beste und die einzige Möglichkeit das Schiedsrichteramt zu trainieren (neben der Beobachtung anderer Spiele und Kollegen) sind die eigenen Spielleitungen. Ideal ist es natürlich, wenn der Schiedsrichter selbst noch regelmäßig Fußball spielt. Damit läuft er sicherlich nicht Gefahr, sich zu weit vom eigentlichen Spiel zu entfernen."

Schiedsrichter und Schiedsrichterbeobachter

Jeder Schiedsrichter ist bekanntlich einem Auf- und Abstieg unterworfen. Darüber entscheidet der Schiedsrichterbeobachter. Es sind in den höheren Klassen ehemalige erfahrene Bundesliga- und FIFA-Schiedsrichter, die dieses Amt bekleiden. Sie werden ebenfalls geschult und in Leistungsklassen eingeteilt. Dem Schiedsrichterbeobachter liegt ein sogenannter Beobachtungsbogen vor. Dieser beinhaltet fünf Kriterien. Steinborn: „Zunächst wird das Auftreten und Verhalten des Schiedsrichters bewertet. Dann das Laufvermögen und Stellungsspiel. Drittens wird die Einstellung zum Spiel sowie die Auffassung vom Spielcharakter beurteilt. Ein weiteres Kriterium ist die Auslegung und Anwendung der Spielregeln. Der fünfte und letzte Punkt befaßt sich mit der Ausführung der Pflichten des Schiedsrichters sowie mit den ausgesprochenen persönlichen Strafen. Ebenso werden die Linienrichter beurteilt. Der Schiedsrichterbeobachter muß in der Lage sein, vor allem eine emotionslose und fachliche Analyse zu erstellen. Aufgrund der Beobachtungsergebnisse der jeweiligen Spielleitungen erstellt der Schiedsrichterausschuß der jeweiligen Spielklasse eine Rangliste. Tatsache aber ist auch, daß es immer unterschiedliche Auffassungen über die Qualität des einzelnen Schiris geben wird. Meine persönliche Erfahrung ist letztlich die: Je näher der Schlußpfiff rückt, desto objektiver und desto klarer wird der Blick für die erbrachte Leistung im jeweiligen Spiel. Es ist mir sehr häufig so gegangen, daß ich nach einigen Wochen dem Beobachter in seiner Einschätzung insgeheim doch recht geben mußte."

Eine traumhafte Schiedsrichterkarriere und einige Nebengeräusche

Wie bereits oben erwähnt, hatte Edgar Steinborn in den Personalfragebogen als sein Ziel die Verbandsliga genannt. Daß er 14 Jahre nach seiner Schiedsrichterprüfung sein erstes Bundesligaspiel leiten sollte und im Januar 1995 vom DFB als FIFA-Schiedsrichter gemeldet wurde, diesen Weg bezeichnet Steinborn selbst als eine „traumhafte Schiedsrichterkarriere". „Lernbereitschaft und Begeisterung", konstatiert er, „sind dabei unabdingbar und: Wer sich nicht quälen kann, wird keine Chance haben in die Schiedsrichterspitze vorzustoßen. Ganz oben angelangt, ist es wie in jedem anderen beruflichen oder sportlichen Bereich noch schwieriger, sich dort zu halten. Andererseits ist so gut wie jede sportliche Laufbahn genauso von Pech wie von Glück geprägt. Für den Fußballschiedsrichter haben in diesem Zusammenhang Rückschläge vielleicht eine größere Bedeutung, da er im Prinzip in kritischen Situationen immer derjenige ist, der *die* Entscheidung zu fällen hat." Steinborns Worten zufolge wird die Leistung, die ein Schiri erbringt, nur selten gebührend erwähnt. Eine gute, normale Schiedsrichterleistung, werde oft nur beiläufig oder gar nicht erwähnt. Demgegenüber taugt der Schiedsrichter oft genug für reißerische Schlagzeilen, wenn er einmal nach Auffassung von sogenannten „meinungsmachenden Persönlichkeiten" nicht regelkonform entschieden hat.

Kritikfähigkeit ist für Edgar Steinborn eine weitere Fähigkeit, ohne die sich kein Schiedsrichter (vor allem in den oberen Klassen) auf Dauer halten kann. Hinzu kommt das Umfeld, in dem sich der Schiedsrichter bewegt. Gleich in welcher Klasse er sein Amt ausführt, immer steht er im Blickpunkt der Öffentlichkeit. „Der Schiedsrichter lernt Menschen oft in extremen Situationen kennen und da macht es keinen Unterschied, ob der ‚Hochstudierte' oder ein Hilfsschüler Fußball spielt. Fußball ist nun mal auch ein Spiel in dem Emotionen eine wichtige Rolle spielen. Oft genug dient der Schiri als Ventil für den persönlichen Frust des Einzelnen, sei es nun der Alltagsfrust oder ganz einfach wegen einer vergebenen Torchance."

Ein Resümee

Für Edgar Steinborn bedeutet Schiedsrichter zu sein letztendlich: „Die Schule des Lebens hautnah und immer wieder in neuen Nuancen kennenzulernen. Schiedsrichter sein heißt auch, den Menschen Freude und Begeisterung vermitteln zu können und im Prinzip fußballverrückt zu sein, wie jeder Nationalspieler oder Fan: Uns verbindet die Begeisterung für diesen Sport! Für mich hat der Schiedsrichter ein Hobby, das in seiner Art und Weise seinesgleichen sucht und das die eigene Persönlichkeit positiv prägt. Schiedsrichter sein, ist für mich eine großartige Sache; Fußball spielenden Menschen und den Zuschauern durch meine Tätigkeit dieses Spiel zu ermöglichen, bereitet mir Freude. Ich sehe mich dabei keinesfalls als Mittelpunkt des Spieles. Der mehr oder weniger unauffällige Spielleiter hat meine Sympathien und es ist immer wieder der Versuch, sich an dieses Ideal anzunähern und sein Bestes für den Fußballsport zu geben. Wie jeder Mensch irgendeine Sucht oder ein Hobby hat von dem er nicht lassen kann, ist meine Sucht der Fußball."

Günther Koch

Gepfiffen ist gepfiffen – gesagt ist gesagt

28. Oktober 1995, 11. Spieltag der Saison 1995/1996, Bayern München spielt im Olympiastadion gegen den VFB Stuttgart. Ausverkauftes Haus mit 60 300 Zuschauern.

Als Rundfunkreporter sitze ich für den Bayerischen Rundfunk und alle Sender der ARD auf halber Höhe mit idealer Sicht nach beiden Seiten unter dem Zeltdach. Es ist gerade 16 Uhr 44 und 20 Sekunden. Es steht bereits 2:0 für Bayern. Plötzlich gibt Mehmet Scholl mit dem Ball am Fuß Gas, und jetzt wird er etwa einen Meter vor dem Strafraum der Schwaben gefoult und fliegt elegant in den Sechzehner. Sofort der Pfiff von Schiri Weber aus Essen. Die Gestik ist klar: Strafstoß!

Mit geht es wie jedem Schiedsrichter: Auch ich muß auf Ballhöhe sein, brauche aber nicht zu laufen, habe zudem freie Sicht und die noch dazu von oben! Klare Vorteile für mich. Also fällt es mir leicht, sofort laut und deutlich ins Mikro zu rufen: „Das war **vor** dem Sechzehner!“ Sofort kommen die Kollegen um mich herum angerast, um auf meinen Monitor zu schauen und auf die gleich kommende Zeitlupenwiederholung zu warten. Der Schiedsrichter aber hat schon gepfiffen – was richtig war – und entschieden – was falsch war. Beide sind wir 90 Minuten lang hoch gespannt. Jede Sekunde überlegen und entscheiden, worauf wir als nächstes eingehen sollen, um nur ja nichts zu übersehen. Dennoch: hier liegen die Vorteile eindeutig auf der Seite der Medienvertreter, auch des Hörfunkreporters, der sich zwar ebenfalls sofort festlegen muß, aber längst nicht die Verantwortung zu tragen hat wie der Sportfreund da unten, der um sich herum noch dazu lauter, mit allen Wassern gewaschene Profis hat. Noch dazu kann ich auch mal vermuten, manches offen lassen, wenn ich mir nicht sicher bin. Der Schiri **muß** immer **entscheiden**. Er hat es am schwersten von allen. Und: Er wird immer angegriffen, egal, von wem. Das ist sein Sport, dauernd angegriffen zu werden. Sicher nichts für schwache Nerven oder schwache Charaktere. Wie sagte mir doch heute mein verehrter Kollege und ehemaliger Redakteur beim Sportfunk des Bayerischen Rundfunks, Heribert Lechner, am Telefon: „Wissen Sie, ich bewundere jeden, der das heute noch macht, denn er betreibt einen SPORT, der von den Angriffen auf seine Person lebt!“

Zurück zu meiner Reportage: Drei Kollegen bekommen von mir das Mikro vor die Nase gehalten und müssen mir live sofort antworten, als ich sie überfalle und frage: "War des a Elfer?“ Alle drei sind perplex ob meiner abermaligen Direktheit, stottern aber ehrlich und verdutzt: „Nein, des war keiner!“

Ein tolles Fußballspiel war das. Es endete nach dem zwischenzeitlichen Ausgleichstreffer zum 3:3 („TOOOR in München! Aber der Tanz ist noch nicht aus..!“) mit 5:3 für die damals noch von Rehhagel trainierte Mannschaft. Der arme Schiedsrichter bekam an jenem Samstag sicher keinen guten Beurteilungbogen, denn er hatte zu allem Überfluß vor dem 2:0 für München noch einen klaren Elfmeter für die Schwaben (Handspiel der Münchner im Bayern-Strafraum) übersehen. Wer denn schreibt, der Sportfreund „habe den Stuttgartern einen Strafstoß verweigert“, handelt böse bis ahnungslos oder fahrlässig.

Schließlich kann ein Schiedsrichter, der 90 Minuten unter Dampf steht (im Gegensatz zu manchem raffinierten Spieler, der ruhig mal Pausen einlegen kann) nicht alles sehen. Oft versperren ihm Spieler die Sicht, oft täuscht der Bewegungsablauf der Spieler etwas vor, was de facto gar nicht passiert. Und: der Schiri hat keine Zeitlupe, mit der er sich wie zum Beispiel wir während des Spiels ein- bis zweimal sofort und die TV-Kollegen nochmals nach dem Spiel alle strittigen Szenen zigmal hintereinander ansehen könnte, um dann kluge Urteile abzugeben. Nachher ist man immer schlauer. Das ist das großes Pech des Schiedsrichters im Zeitalter der elektronischen Medien.

Für Schiedsrichter und Rundfunkreporter gibt es keine Ausreden. Das ist das Atemberaubende, Reizvolle an diesem Hobby beziehungsweise Beruf, aber auch das Schwierige und Gefährliche. Gesagt ist gesagt – gepfiffen ist gepfiffen. Andererseits darf sich kein Schiedsrichter beschweren, wenn er danach vom Fernsehen Belege vorgeführt bekommt, daß er sich **getäuscht** hat.

Erfreulicherweise stelle ich diesbezüglich aber seit einigen Jahren einen positiven Wandel in der nachträglichen Berichterstattung der TV-

Kollegen fest. Sie dokumentieren sachlicher als früher und oft genug können sie dem erstaunten Publikum saubere Beweise vorführen, wie oft der Schiedsrichter Recht hatte, weil er blitzartig die gesamte Situation erkannt (z.B. aktives oder passives Abseits, Vorteilsbestimmung u. a. Feinheiten) und **nicht** die reklamierenden Spieler.

Andererseits steht es auch einem Schiedsrichter als Sportler gut zu Gesicht, nach dem Spiel (evtl. auch während des Spiels?) Fehler einzugestehen und vor allem auch mal zu lachen...

Auch das erlebt man in letzter Zeit erfreulicherweise immer öfter.

Rundfunkreporter der ARD sind vor dem Spiel mit ein oder zwei Vorberichten, dann vom Anpfiff an zunächst mit lauter einminütigen Einblendungen bis 16 Uhr und ab 16 Uhr mit zwei bis drei- oder fünfminütigen Live-Einblendungen voll und durchgehend im Einsatz. Atempausen zum Luftholen gibt es fast keine, da ja jede bestellte Einblendung den Sendern nochmals laut Laufplan mit langem (60 Sekunden) und kurzem Schneidekommando (30 Sekunden) vorher angekündigt werden muß, damit jene entsprechend vorher ihre Musikklänge und Anmoderationen planen und die nächste Reportage ankündigen können.

Hörfunkreportagen von der Fußballbundesliga sind der absolute positive Streß, für mich nach wie vor die ultimative Herausforderung für wirkliche Reporter und nicht nur Berichterstatter.

Als ich mal für einige Zeit Fernsehreporter von Länderspielen oder vor allem der englischen Premier-League für das DSF in dessen Gründerzeit ausprobieren wollte, wurde mir bald klar, daß der Fernsehreporter vor allem den Mund halten muß. Mehr noch: er kann und muß sogar Denk- und Atempausen einlegen... Ganz anders der Radioreporter **und** der **Schiedsrichter**:

Beide müssen immer am Ball sein, beziehungsweise auf Ballhöhe, beide müssen sich jederzeit entscheiden, wo sie hinschauen. Beide müssen während der 90 Minuten körperlicher und intellektueller wie auch nervlicher Hochspannung jede Sekunde entscheiden, was sie zuerst tun oder sagen, oder auch mal bewußt **nicht** sagen... Und: alle Entscheidungen des Schiedsrichters unten am Platz und des Live-Reporters sind nicht mehr zu revidieren. Im Radio kann man nichts mehr schneiden oder ändern: Gesagt ist gesagt! Und für den Sportfreund mit der Pfeife gilt: Gepfiffen ist gepfiffen! Und für beide gilt: Alle haben es gehört!!! Beide sind jede Sekunde gefordert, Höchstleistungen zu bringen, das Spiel zu

Gesagt ist gesagt. Rundfunkreporter Günther Koch, „einer der bekanntesten seiner Zunft“ (Süddeutsche Zeitung), *auf Sendung.*

lesen und wenn möglich Nahaufnahme-Zoom (Zweikampfvorbereitung, -ablauf und -ergebnis...) und Weitwinkelobjektiv gleichzeitig in beiden Augen zu vereinen. Eigentlich eine unlösbare Aufgabe!!

Natürlich habe ich mich, wie jeder, der ehrlich ist, schon oft über Schiedsrichterentscheidungen gewundert bzw. geärgert. Vor allem an jenem 23. April 1994 im Olympiastadion, als der FC Bayern München im meisterschaftsvorbereitenden Spiel gegen den 1. FC Nürnberg plötzlich 1:0 führte, ohne ein Tor geschossen zu haben. Aber noch heute höre ich manchmal in diese Szenen meiner damaligen Live-Reportage in meinem Privatarchiv rein. Sofort habe ich den Schiedsrichter und den Linienrichter immer wieder in Schutz genommen, obwohl der Ball fast einen halben Meter n e b e n dem Tor ins Aus gegangen war. Sofort dachte und **sagte** ich, wie die Sonne den Linienrichter auf der gegenüberliegenden Seite geblendet haben muß, als er auf der Torauslinie an der Eckfahne stehend den subjektiven Eindruck haben konnte, daß der Ball im entfernten Eck im Innennetz war. Schließlich mußte er gegen die Sonne durch zwei Außennetze durchgucken. Doch am meisten „geblendet“ wurde er durch zwei Bayern-Spieler, die den Anschein erweckten, daß der Ball im Tor gewesen sei. Thomas Helmer half Köpke gerade noch enttäuscht und freundschaftlich auf die Beine, als der Ball von Helmers Hacke(!!) ins Aus hoppelte. Kurz danach pfiff der Schiedsrichter aus heiterem Sonnenhimmel plötzlich zweimal und zeigte zur Überraschung von über 60 000 zum Anstoßkreis!! Ich dachte „Das darf nicht wahr sein, ich bin im falschen Film!“

Doch den Linienrichter 2 auf der Ostseite und den Schiedsrichter (beider Namen werde ich wohl nie vergessen) nahm ich sofort in Schutz, so schwer es mir persönlich auch fiel. Allerdings fragte ich mehrmals laut, ob es denn wirklich zu viel verlangt sei, in einer derart extremen Situation Charakter und Fairneß zu beweisen und zum Schiedsrichter hinzugehen und zuzugeben, daß er sich getäuscht **hat**, aber nicht getäuscht **werden** soll. Motto: „Fair geht vor!“

Der BILD-am Sonntag sei Dank, daß sie am Tag danach unmißverständlich und an Deutlichkeit nicht zu übertreffen journalistisch sauber und einwandfrei festgestellt und mit Bildmaterial belegt hat: „Betrogen haben die Spieler...“

Und dann wurden die „Betrüger“ auch einzeln beim Namen genannt. Ein weiterer Beweis dafür, daß also nicht immer nur auf dem Schiedsrichter rumgehackt wird, auch nicht von den Medien! Oft – vielleicht nicht oft genug – wird der Schiri als der große sportliche Sieger herausgestellt. Überhaupt nicht auszudenken, wenn die Schiedsrichter vergleichsweise ähnlich viele Fehler machten wie die Profis. Jene leisten sich beispielsweise Ballverluste, Abspielfehler, Fehlschüsse, unverschämte, dumme Fouls oder gar schauspielerische Täuschungen und anderes.

Unsere Bundesliga-Schiedsrichter sind meiner Meinung nach sogar vergleichsweise besser und international stärker als viele unserer Bundesliga-Spiele und Bundesliga-Spieler. Egal, ob ich da zum Beispiel an Heynemann, Scheuerer, Dr. Merk, Malbranc, Krug, Aust, Dardenne, Albrecht, Fröhlich oder andere von früher wie Amerell oder Schmidhuber denke.

Was mich stört ist, daß Kollegen der Medien immer wieder mal gerne übersehen, welche **sportliche** und **intellektuelle** Leistung jeder Schiedsrichter – egal, ob in der C-Klasse der Bezirksoberliga oder in der Bundesliga – jedesmal bringt. Dabei weiß ich selbst, wie blöd man sich vorkommt, wenn man am Wochenende oder während der Woche auf irgendein Dorf fährt. Man wird dort von Anfang an mit Argwohn beäugt („Was, Sie sollen unser Schiedsrichter sein, sind Sie da sicher, Sie kenne ich ja noch gar nicht...!"), muß sich in einer engen Kabine umziehen und zur Dusche eventuell über den Hof laufen.

Und doch, wenn ich mich an manche Lehrabende oder Sitzungen erinnere, die ich als Schiedsrichter (der ich nur wissen wollte, was da abgeht und wie das so ist) miterleben mußte, bekomme ich meine Zweifel, ob alle mit so heldenhaften Überlegungen Schiedsrichter werden und vor allem bleiben. Wie oft im Leben, befürchte ich halt zumindest, daß viele wirklich Gute und Befähigte, wie in anderen Lebensbereichen auch, frühzeitig aufhören, motiviert zu sein, oder gar resignieren und an deren Stelle oft, ja allzu oft, Unfähige aber Angepaßte und Brave, Biedere weiterkommen. Hoffentlich täusche ich mich da. Es soll sich ja einiges in der Schiedsrichterzunft geändert haben.

Nie aber werde ich vergessen, wie sich zu meiner Zeit als kurzzeitig aktiver Schiri gestandene Mannsbilder, die 20 Jahre oder 30 Jahre aus Idealismus und sicher manchmal auch aus Verzweiflung Spiele gepfiffen haben, von ihrem Kreis-Schiedsrichter-Obmann (KSO) auf Sitzungen haben fertigmachen lassen, wenn Sie mal einen Fehler in ihrem Spielberichtsbogen gemacht hatten, oder in der Versammlung nicht nur aufgepaßt, sondern auch mal gelacht hatten. Als damals noch relativ junger Schiri und Reporter, der ich eben für mich glaubte, über Schiedsrichter nur dann einigermaßen fachlich fundiert gerecht urteilen zu dürfen, wenn ich die Ausbildung im Rahmen einer B-Schein-Ausbildung hinter mich gebracht und das Leiten von Spielen im Jugend- und Seniorenbereich auch selbst praktiziert hatte, war ich von diesem militärischen Ton und Gehorsam schon reichlich schockiert. Von Kollegen weiß ich aber, daß sich das mittlerweile geändert hat. Hoffentlich!

Noch etwas würde mich als Schiedsrichter stören, nämlich, wie wenig Regelkenntnis nicht nur der Großteil der Zuschauer, sondern auch immer noch ein Teil der Kollegen in den Medien offensichtlich hat. Und ihnen, gerade auch den scheinbar unbedeutenden in den kleinen Regionalzeitungen, sind doch oft im Berufsleben und auch im Familienleben sehr erfolgreiche beziehungsweise erfahrene und gewachsene Schiedsrichter-Persönlichkeiten beiderlei Geschlechts mehr oder weniger wehrlos ausgeliefert. Das finde ich fast noch schlimmer als das, was teilweise mit den bekannten Schiedsrichtern der Bundesliga angestellt wird. Der Schiedsrichter mit einer gewissen Veranlagung zum Masochismus??

Und dennoch: Für mich gehören die Schiedsrichter zu der leider aussterbenden Spezies der Idealisten, die ein Ehrenamt ausüben, Verantwortung für einen großen Teil unserer Gesellschaft, in der es ja auch „Spielregeln“ geben muß, übernehmen. Schiedsrichter lehnen sich aus dem Fenster, können mit Kritik leben, verarbeiten persönliche Niederlagen wahrscheinlich besser als andere. Daß dabei immer auch etwas Profilierungssucht, Egoismus und meinetwegen Selbstgefälligkeit dabei sein kann, darf uns nicht stören. Davon haben einige Medienvertreter, Funktionäre und auch Spieler oft viel mehr, oder etwa nicht??

Aber, daß es in einer zunehmenden Wegwerf- und Wegschau-Gesellschaft mit Ellbogenmentalität und Null-Bock-Einstellung überhaupt noch Schiedsrichter gibt, bleibt für mich eine der angenehmen Überraschungen unserer Tage.

Noch ein Tip: Notorischen Meckerern oder Zeitschindern (Mauer will nicht auf 9,15 m zurück) würde ich nicht Gelb, sondern Schwarz oder Grün zeigen... Da müßte dann – wenn es nach mir ginge – mancher Bundesliga-Profi sozusagen als persönliche Strafe in den nächsten Wochen ein Jugendspiel oder ein Reservespiel der Landesliga als Schiedsrichter unter Beobachtung pfeifen!! Das würde bald Wirkung auf den Spielfeldern der Bundesliga zeigen und dem Fußballsport, den wir alle lieben, mehr dienen, als wenn mancher Profi durch die provozierte 5. Gelbe eine Woche Pause „nimmt“.

Werner Steigemann

Einige archetypische Anmerkungen zum Pfeifenmann in der freien Fußball-Wildnis

In den meisten Sportarten werden Schiedsrichter nicht geboren – sie werden gemacht. Zyniker behaupten, frühkindliche Störungen verursachen dies. Realisten meinen, einer muß es ja machen. Machiavellisten sagen, den Schwächsten im Verbund trifft die Schmach. Misanthropen erklären dagegen lachend, der Dümmste aller Beteiligten in einem Fußballspiel ist der Unparteiische. Fußballspieler hassen mitunter diesen Menschen, wissen aber zugleich, daß sie ihn benötigen; mehr als ihr Sportgerät. Doch einer muß schließlich diese Funktion des Neutralen erfüllen, denn: Kein Wald- und Wiesenspiel funktioniert ohne Schiedsrichter.

Manchmal übernehmen ältere Herren, obwohl sie am Spiel beteiligt sind, autoritär diese Funktion. Manchmal auch ein Kollektiv, was dann zur Ursache hat, daß wegen der hemmungslosen Auslegung kein Spiel entstehen kann. Meistens wird aber dann doch noch ein Mensch dafür gefunden. Der Deutsche Fußballbund (DFB) bezahlt seine Schiedsrichter für ihre Einsätze. Freizeitmannschaften hoffen immer, einen dieser DFB-Gerechten für ihre Spiele engagieren zu können. Oftmals klappt dies auch. Dann stehen dickbäuchige schwarze Herren im Mittelkreis, auf der Brust das Emblem des DFB und dirigieren per Verbandsentschluß das Geschehen auf dem Feld. Sie lassen sich großmütig beschimpfen, meistens wegen der Problematik des Abseits. Jedoch nicht selten muß ein Freizeitkicker oder ein Begleiter dieser Mannschaften die Funktion des Unparteiischen übernehmen, unbezahlt und in berufsfremder Kleidung. Anfangs zieren sie sich, diese Aufgabe auszufüllen, freilich am Ende nehmen sie Pfeife und Karten in die Hand und verwandeln sich so zu fußballspezifischen ***Archetypen:***

Der *Genervte* ist ein meist vor kurzem von einer Verletzung genesener Mitspieler der Freizeittruppe (ein integriertes Individuum innerhalb einer oftmals chaotischen Mannschaft) mit viel Interesse am Fußball. Nur eines will er nicht: als Neutraler das Spiel leiten. Weil er aber weiß, wie schwer es ist, wieder im Mannschaftskreis aufgenommen zu werden, läßt er sich überreden, die Pfeife in die Hand zu nehmen. Sein meist verwendetes Statement lautet: „Ich mach's nur für euch, damit ihr spielen könnt." Trifft er eine zu kritisierende Fehlentscheidung, droht er sofort daß Spielfeld zu verlassen. Mit diesem Vorgehen erhält er sich die Sympathie der gegnerischen Mannschaft. Sollten die Beschimpfungen zu weit gehen, verläßt er einfach trotzig das Spielfeld und schreit: „Macht doch euere Scheiße alleine". Erst durch viel Überredungskunst ist er zu bewegen, seine Funktion weiter zu erfüllen. Der Genervte pfeift meist nur einmal und häufig sehr schlecht.

Der *Schüchterne* ist oftmals das 15. Rad am Wagen, will heißen: er spielt auch in der Mannschaft nicht. Jedoch anwesend muß er sein, weil irgendwelche vermeintliche Stars kurzfristig absagen könnten. So kann er manchmal auch spielen. Meistens aber muß er als Schiedsrichter einspringen. Er versteht nichts von diesem Sport. Als Referee versucht er sich unsichtbar zu machen. Entscheidungen überläßt er der Diskussion zwischen den beiden Mannschaften. Bei existentiellen Problemen integriert er die wenigen Vernünftigen und läßt abstimmen. Häufig verläßt er vorzeitig das Geschehen, ist beleidigt und wird einige Wochen nicht mehr gesehen. Er taucht später mit einem Regelbüchlein in der Hand referierend wieder auf.

Der *Machtgierige* stellt ein besonderes Wesen seiner Spezies dar. Ausgerüstet wie ein Bundesligaschiedsrichter, das heißt mit entsprechender Kleidung, gelben und roten Karten, Notizbuch und lautstarker Pfeife. Er ist förmlich geil auf diese Funktion. Sein größtes Vergnügen scheint, nach einer Entscheidung den Protest oder den Widerspruch disziplinarisch zu ahnden. Gierig zieht er dann eine seiner beiden Karten und diskriminiert die Spieler zu Untertanen. Er scheut auch nicht davor zurück ein Spiel abzubrechen, sollten irgendwelche Beteiligten seine Macht und Fachkompetenz in Frage stellen. Übrigens tritt dieser Typus häufig auf.

Der *Besserwisser* ist ein Kind der deutschen Gymnasien. Er erörtert immer die jeweiligen Regeln des Spiels. Nicht kurz, sondern gleich in fünfminütigen Abhandlungen, da er den Leistungskurs Fußball belegt hat. Er behauptet dies jedenfalls ständig. Er kleidet sich fußballfremd, um die geistige Distanz zu diesem Sport zu verdeutlichen und gibt sich gelangweilt ob der Proleten, die da über das Feld stolpern. Widerspruch duldet er gleich eines deutschen Gymnasiallehrers im Fachbereich Mathematik nicht, denn klare Bedingungen verlangen klare Aussagen. Bei Vorstadtmannschaften endet dieses Verhalten in körperlichen Auseinandersetzungen.

Der *Korrekte* ist ein Bruder des Besserwissers. Er hat sehr viel Kenntnis über den Sport, sei es, daß er als Jugendtrainer aktiv ist oder Sport studiert. Immer besser trainiert als die anderen Spieler selbst, findet er sich zum Erstaunen aller auf der Höhe der Ereignisse. Nicht selten erklärt er kurz die Problematik des Abseits, ohne überheblich zu wirken wie der Besserwisser. Seine größte Stärke ist es aber zu wissen, ohne ihn geht es nicht.

Der *Tolerante* definiert sich durch den Spaß an der Sache. Er will dabei sein beim Spiel. Dieses empfindet er auch als die wichtigste Sache und deswegen läßt er es auch sehr lange ohne Pfiff laufen. Er hofft, die Akteure werden selbst einsehen, ob sie Foul spielen oder der Ball im Aus ist. Leider scheitert er an der geistigen Determinierung aller Fußballspieler. Es heißt, sich grundsätzlich zu täuschen, Fußballaktiven so etwas wie Toleranz und Rücksicht zu unterstellen. Das Scheitern des Toleranten bedingt sich aus dieser Geisteshaltung. Letztendlich ist er derjenige, der wüste Beschimpfungen über sich ergehen lassen muß.

Der *Betrüger* (ein häufiges Exemplar ländlicher Mannschaften innerhalb aller Freizeitligen) kümmert sich einen Dreck um irgendwelche Vorschriften. Offensichtlich bevorteilt er seine eigene Mannschaft, versteht nichts von den Regeln und ist meist der betrunkene Dorfdepp. Sein IQ liegt im Schwachsinnsbereich. Damit ist er auch nicht angreifbar, denn Dummheit ist stärker als Intelligenz. Er wird immer erst nach vielen Protesten ausgetauscht. Ein anderer, viel kenntnisreicherer Mensch übernimmt seine Funktion, jedoch nachdem die eigene Mannschaft uneinholbar führt oder der Gegner mit Abbruch droht. Jedenfalls stellt er ein ekelhaftes Subjekt dar; und man findet ihn immer in dummdreisten Mannschaften, wie jene aus „Bad Spaibling".

Der *Eitle* tritt seiner Art entsprechend auf. Er läuft nicht über das grüne Feld, nein: er stolziert. Er pfeift auch nicht sondern zelebriert jedes Foul theatralisch und mit viel Worten. Er weiß, ohne ihn geht nichts. Somit läßt er es permanent jeden wissen, auch den wenigen Zusehern. Er hält sich für die wichtigste Person. Gottgleich kann er Regelkunde erteilen und Menschen beherrschen. Läßt man seine Eitelkeit freundlich über sich ergehen, funktioniert er oft als guter Schiedsrichter. Wichtig dabei ist, sich immer wieder bei ihm zu bedanken und seine überwältigende Leistung zu loben. Eitelkeit ist eine Form von Minderbegabung, aber eine der harmloseren.

Der *Gerechte* (ein seltenes Wesen innerhalb des Freizeitfußballes) benachteiligt zu Beginn eines Spieles immer diejenige Mannschaft aus der er kommt. Der Gegner erhält beim ersten Körperkontakt im Strafraum sofort einen Elfmeter. Ist diese Entscheidung vollbracht, leitet er das Spiel erstaunlich zurückhaltend und, wie sein Name sagt, gerecht. Dies soll nicht heißen, er wäre regelkundig oder ein Fachmann. Er verteilt auch Ungerechtigkeiten „gerecht", Abseits wird zu gleicher Anzahl erkannt, grobe Fouls tröstend übergangen und Unentschieden sind sein liebstes Ergebnis. Selbst Beschimpfungen läßt er über sich ergehen, wissend, eine Hinausstellung würde nur Schwierigkeiten ergeben. Wenn er jemanden vom Felde verweist sind es immer zwei Personen: von jeder Mannschaft eine. Leider hat er mit der Mentalität minderbemittelter Fußballer erhebliche Schwierigkeiten. So trifft man ihn auch selten an. Er wechselt die Sportart.

Der *Fremde* erscheint plötzlich. Niemand will die Partie pfeifen. Keiner stellt sich zur Verfügung. Da taucht er auf: Ein fußballverrückter älterer Herr, der über alle Sportplätze wandert, um sich beteiligen zu können. Er führt immer sämtliche Ausrüstungsgegenstände mit sich. Jovial versucht er die Partie zu leiten. Leider versteht er als Wichtigtuer bescheiden wenig von der Sportart. Er wurde nämlich schon aus C-Klassenvereinen hinauskomplimentiert.

Der *Alte* (ein Relikt aus früheren erfolgreichen Tagen der Mannschaft) pfeift immer dann, wenn kein anderer da ist. Er ist immer anwesend. Er weiß, daß er zumindest als Schiedsrichter benötigt wird. Er beinhaltet alle anderen zehn Archetypen je nach Laune und Verfassung. Als einziger hat er aber wirklich Kenntnis in der Regelkunde (nicht nur theoretisch wie der Sportstudent oder der Lehrer) aufgrund jahrelanger praktischer Erfahrung. Er kennt die potentiellen geistigen Voraussetzungen der Beteiligten und handelt danach: Beim Schüler ein Fremdwort einfließen lassen, bei der FC Müllabfuhr entsprechend volkstümlich. Er ist immer der Erste auf dem Platz und ganz sicher der Letzte, der die Wirtschaft verläßt. Er benötigt keine Pfeife, keine Karte und keinen Anzug, wissend, daß ohne ihn als Unparteiischen gar nichts geht. Seine Erfahrung vermittelt ihm: Nur im Hinterhof spielende Kinder benötigen keinen Schiedsrichter. Da es aber diese Hinterhöfe nicht mehr gibt, bleibt er letztlich ein unverzichtbares Wesen. Vorausgesetzt freilich, daß die Menschen auch weiterhin in der freien Fußballwildnis gegen den Ball treten werden.

Rainer Moritz

Meine liebsten Schiedsrichter

Wenigen nur ist vorbehalten, nicht im Meer des schnellen Vergessens zu versinken. Rahn, Turek, Puskas, Grosics – die Namen des Berner Endspiels von 1954 sind dem halbwegs verständigen Zeitgenossen stets präsent, doch wem ist geläufig, wer damals die entscheidenden Pfiffe in Schwarz tat? Und hätten wir ihn in Erinnerung behalten, den Unparteiischen, dann höchstens, wenn er den Deutschen glasklare Elfmeter vorenthalten und den Magyaren unverdiente Freistöße zugesprochen hätte. So wie der Peruaner Yamasaki zum Beispiel, der im denkwürdigen Halbfinale Italien – Deutschland von 1970 nicht wollte, daß die Mannen um den tapferen, armgeschienten Beckenbauer den Sieg davontrugen.

Seien wir ehrlich: Im kollektiven Fußballgedächtnis bleiben meist nur die Umstrittenen haften, die Skandalnudeln, die taten, was uns nicht paßte, die schreiendes Unrecht in die Welt setzten. Gottfried Dienst etwa und sein böser Linienrichter Tofik Bachramov, die anno '66 Wembley-Tore entdeckten, wo alle anderen – sehschwache Engländer ausgenommen – den Kalkstaub der Linie hochspritzen sahen. Oder Fleischermeister Taylor aus England, der im WM-Finale '74 die ungeheuerliche Dreistigkeit besaß, nach wenigen Spielsekunden auf den Elfmeterpunkt zu zeigen. In Deutschland, gegen Deutschland. Daß wir uns heute mit Nachsicht an den voreiligen Briten erinnern, hat mit dessen weiser Überlegung zu tun, wenig später ein grobes Foul an Hölzenbein gleichfalls mit Elfmeter zu ahnden. Völlig berechtigt, versteht sich. Oder der Argentinier Lousteau (schrieb der sich so?), der unseren Ruuudi des Feldes verwies, weil der sich von Rijkaard anspucken ließ – hier sind wir nicht minder auf Verzeihung eingestellt, weil die Gerechtigkeit dank Klinsmann schließlich obsiegte.

Auch aus den Bundesligastadien entsinnen wir uns vor allem der katastrophalen Fehlleistungen. Hans-Jürgen Osmers und Helmers Phantomtor, Günter Habermann und Möllers Superschwalbe – das sind die Höhepunkte der letzten Jahre, so sehr dies die Gescholtenen verbittern mag. Die anderen freilich, die in den letzten Jahrzehnten ihres Amtes treu und redlich walteten, wer kennt sie noch? Die Herren Horstmann, Stäglich, Burgers, Klauser, Linn, Weyland, Ohmsen oder Walz? In den Augen der fußballbegeisterten Massen ist das ja gut so, denn einem Gemeinplatz zufolge zeichnet sich der gute Schiedsrichter vor allem durch Unauffälligkeit aus. Ein falsches Bild, gerade heute, da jedes Rasenstück penibel medienüberwacht wird und die Regallaienspielerschar um Reinhold Beckmann & Co. allenthalben nach Irrtürmern und Verstößen fahndet. Man muß es deutlich sagen: Unsere krisengeschüttelte Zeit des Kommerzes schreit nach natürlicher Autorität, nach waschechten Persönlichkeiten, die den wachsweichen Hätschelprofis und ihren Tricks gewachsen sind, die den lärmenden, wehklagenden Trainern auf ihren Schleudersitzen zeigen, wo es langgeht. An „Fingerspitzengefühl" mangele es den Unparteiischen, heißt es oft, eine Vokabel, die im Regelheft nicht vorkommt. Meist sind es der vom Platz gestellte Spieler oder sein beleidigter Coach, die nach „Fingerspitzengefühl", das heißt: nach Straffreiheit schreien. Nein, das wollen wir nicht. Wo der „Zerfall der Werte" (Hermann Broch) überall regiert und selbst der Bundeskanzler und Claudia Nolte sich schwertun, den Kantischen Imperativ draußen im Land durchzusetzen, da braucht es kein zartfühlendes Vielleicht-so-aber-vielleicht-auch-anders, nein, da braucht es Richtlinienkompetenz, da braucht es starke Schiedsrichter, die wie Gary Cooper in „Zwölf Uhr mittags" sagen, wo der Barthel den Most holt.

Was wir *nicht* brauchen, ist ebenso klar: Die Ära eines Walter Eschweiler ist nicht zurückzuholen. Rheinische Frohnatur aus dem Ministerium, unfreiwillige Purzelbäume auf dem WM-Rasen, joviales Geplaudere mit verständigen Profis – das mag seine Berechtigung gehabt haben, als Heinz Schenk den „Blauen Bock" moderierte und Vivi Bach das dänische Fräuleinwunder repräsentierte. Ein Eschweiler heute wäre ein tragisch Scheiternder – wie es auch einem Rudolf Kreitlein nicht besser erginge. Wir sehen ihn noch vor uns, den tapferen Schneidermeister aus Stuttgart, als ihn 1966 bei der Weltmeisterschaft die grobschlächtigen Argentinier (hieß einer nicht gar Rattin?) bedrohten und er melancholisch den Blick in die Ferne richtete, den Ball, seinen einzigen Halt, fest umklammernd.

Es gab Nachfahren dieser Spezies, einzelne Figuren, die mit Schalk und Urwüchsigkeit versuchten, den Kumpel von nebenan, den Freund und Helfer auf dem Rasen zu mimen. Wolf-Dieter Ahlenfelder aus Oberhausen beispielsweise, der es trotz markantem Übergewicht zu einem kurzen FIFA-Gastspiel brachte und sich darin gefiel, den Spielern plaudernd Sitte und Anstand beizubringen. Wir haben Ahlenfelder vor Augen, wie er im wippenden Stechschritt auf Sünder zueilte und den roten Karton zückte, doch in die Geschichte des Schiedsrichterwesens ist er aufgrund anderer Vorkommnisse eingegangen. Lang ist's her, da pfiff Herr Ahlenfelder ein Bundesligaspiel bereits nach dreißig Minuten zur Pause. Seine Linienrichter erst brachten ihn auf den Pfad der richtigen Uhrzeit zurück, und hinterher munkelte man, der Referee habe beim Mittagsmahl seinen Durst mit alkoholischen Getränken gestillt. „Wir sind Männer und trinken keine Fanta", wurde der Verdächtigte später zitiert, ein Ausspruch, der aus der Historie der Bundesliga nicht wegzudenken ist.

Nebenbei bemerkt: Das Aussterben der komischen Gestalten in Schwarz ist kein nationales Phänomen. Erinnern wir uns an Robert Wurtz, der etliche Jahre lang Frankreichs Fahnen vertreten durfte, an jenen Wurtz, der sich im Sprintertempo in Spielertrauben stürzte und auf Tauchstation ging, um das versteckteste aller versteckten Fouls zu entlarven. Auch so einer ist heute in den Eurocupspielen nicht mehr auszumachen. Die Zeit von Heinz Erhardt oder Luis de Funes ist endgültig passe.

Und heute? Ein kritischer Blick in die Umkleidekabinen der inzwischen höchstmodisch gekleideten Schiris läßt zuerst eine gewisse Uniformität erkennen: die Stromliniennatur. Gewiß, sie haben wohl oder übel gelernt, mit lästigen Reporterfragen umzugehen und ungeachtet der drohenden Zeitlupen das verwerfliche Tun eines Scholls oder Dahlins zu erläutern. Doch wer ihnen dabei in die Augen sieht, weiß, wie den meisten zumute ist. Zu Hause vor dem Bildschirm wartet bereits die Ehefrau, die darin geübt ist, auf Video Wiederholungen des irrtümlich ausgesprochenen Platzverweises zu speichern. Wo die potentiellen Kritiker nicht mehr zu zählen sind, wächst die Angst vor der Auffälligkeit.

Man versteckt sich. Wenn ich nichts sage, sagt keiner etwas über mich – die Hoffnung derer, die sich jahrelang hochgearbeitet haben und den Platz an der Bundesligasonne leichtfertig räumen wollen.

Keine Hoffnung in Sicht? Warten auf den elektronischen Oberschiedsrichter, wie ihn Udo Lattek alle zwei Jahre fordert? Nun ja, der Untergang des Abendlandes scheint zwar beschlossen, doch es gibt Signale, die Zuversicht ausstrahlen. Sie sind nicht ausgestorben, die markigen Männer, die ohne Brimborium und ohne Scheu tun, was zu tun ist. Eine Gratwanderung ist es, die zu absolvieren ist zwischen übergroßer Ängstlichkeit und überzogener Selbstgefälligkeit. Eugen Strigel etwa, der jetzige DFB-Lehrwart, war ein guter Schiedsrichter. Ruhig und besonnen haben wir ihn in Erinnerung, sein grauweißes Haar war sofort zuzuordnen, und dennoch haben wir nicht vergessen, wie scheu der Mann aus Horb agierte, wenn er zum Unvermeidlichen, zu Disziplinarstrafen gezwungen war. Anstatt das Rot der Karte engagiert dem Täter entgegenzustrecken – Zuschauer wollen schließlich etwas sehen für ihr Geld –, schien sich Eugen Strigel zu schämen für sein Tun. Ängstlich hielt er die Karte in Brusthöhe, sich danach sehnend, sie möglichst rasch wieder einstecken zu dürfen. Auf der anderen Seite besteht indes keine Notwendigkeit, sich wehmütig an einen wie Dieter Pauly zu erinnern. Auch er, ohne Frage, ein Guter seines Fachs, doch in seinem Handeln lag ein Zuviel an Selbstzufriedenheit, ein Übermaß an Na-wie-hab-ich-alles-im-Griff. Daß der Sportartikelhändler aus Rheydt am Ende seiner Laufbahn zu allem Überfluß meinte, eine Autobiographie zu Papier zu bringen, paßt in dieses farbenfrohe Bild. „Abpfiff“ heißt dieses 1990 erschienene Buch, und wer zuvor dachte, allein Spieler seien zu eitler Rückschau befähigt, wird durch Dieter Paulys Erinnerungen an seine tollsten Spiele eines Besseren belehrt.

Zurück zum Ausgangspunkt: Zwischen Eugen Strigel und Dieter Pauly muß es einen Mittelweg geben, wobei wir natürlich all jene Vertreter des Bundesligamittelmaßes außer acht lassen. Die Karriereleitern des Lebens sind oft rätselhaft; das gilt auch für den Aufstieg des einen oder anderen Schiedsrichters. Das Proporzsystem der Verbände bringt manchen ins Rampenlicht, der im Halbdunkel der Regional- oder Oberliga besser aufgehoben wäre. Aus Gründen der Dezenz versagen wir es uns, Namen zu nennen.

Als mutig gelten seit jeher die unerschrockenen Jungstars der Zunft. Hermann Schröder aus Lahnstein war früher ein solcher, ehe er, wenn ich mich recht entsinne, heiratete, sich einen Bart wachsen ließ (vielleicht war die Reihenfolge auch umgekehrt) und seiner hoffnungsvollen Laufbahn Adieu sagte. Was international gerade in kleinen Ländern – ein Name für andere: Peter Mikkelsen aus Dänemark (inzwischen auch von vielen Pfunden geplagt) – möglich ist, gilt in der Bundesliga immer noch als bemerkenswert: der Schiedsrichter, der jünger ist als die Spieler die um ihn herum sind (von Mirko Votava oder Uli Stein mal abgesehen). Die Reporterschnösel aus dem Privatfernsehen verweisen dann gönnerhaft auf die „Unerfahrenheit" des Spielleiters, während sie selbst zu Moderatorenehren kamen in einem Alter, in dem sie früher allenfalls die Kabeltrommel für Ernst Huberty hätten tragen dürfen. Dem Postboten Zerr beispielsweise ist dergleichen widerfahren, und nur wenige rücken trotz ihrer Jugend früh in die Kategorie der Ausnahmepersönlichkeit. Markus Merk aus Kaiserslautern ist so einer, und wenn wir ehrlich sind, verdient der Zahnarzt unseren Respekt. Sein Laufstil und seine Gestik haben Steifes an sich, gewiß, doch an Mut und Durchsetzungsvermögen mangelt es ihm nicht. Daß er deswegen kein Geliebter unter den Trainern und Spielern ist und Stefan Effenberg, das Unschuldslamm vom Bökelberg, gar Freude in Merks Augen beim Zeigen der roten Karte gesehen haben will, spricht für ihn, für Merk.

Markus Merk gibt Hoffnung, und auch auf Hellmut Krug (zu erkennen an der besonders eng geschnittenen Hose) und Bernd Heynemann, die Hoffnung des Ostens, wollen wir nichts kommen lassen. Einem freilich aus den letzten Jahren sollte unverbrüchlich gedacht werden. Einer – aus Münchens rauhem Norden stammend – bot den Schwätzern, den Schauspielern und Mimosen, den Meckerern und Brutalos ohne Zaudern und Zögern die Stirn: Manfred Amerell. Er fehlt uns heute, inmitten der vielen Windkanalschiedsrichter. Ihn erschütterte nichts, seine Karten saßen locker wie John Waynes Colt und Werner Hanschs Stilblüten. Mit loderndem Zorn in den Augen tat er das Notwendige und gab uns den Glauben an die Gerechtigkeit – nach Aristoteles die höchste aller Tugenden – zurück. Zu FIFA-Ehren – Aron Schmidhuber aus Ottobrunn, gegen den meist nichts zu sagen war, fungierte als Bayerns Aushängeschild – gelangte er nie, doch ist wahre Größe von äußerem Erfolg abhängig? Als „Aquarell" versuchten ihn seine Gegner zu verhöhnen; läppische Anwürfe gegen einen aufrechten Kämpfer, der den Medien und den Spielern nicht nach dem Munde redete. Ach ja, wenn ich es mir recht überlege, Manfred Amerell war mein liebster Bundesligaschiedsrichter, und weil er vor zwei Jahren aus Altersgründen sein Amt aufgeben mußte, gelten die Worte des Schriftstellers Marcel Proust: „Die wahren Paradiese sind die Paradiese, die man verloren hat."

Dr. Markus Merk

Eigentlich müßten die besten Schiedsrichter die Jugendspiele pfeifen

Der Mann wirkt sehr ausgeglichen. Er sieht nicht so aus, als ob ihn etwas leicht aus der Ruhe bringen könnte. Sitzt da, schlürft seinen Eiskaffee und registriert die Fragen zu seinem „Nebenjob“ mit sichtlich wachsendem Amüsement. Was bringt jemanden dazu, ohne Not Schiedsrichter zu werden und das in einer Stadt, in der sich fast alles um den Fußball dreht? Fast einem herrschaftlichen Schloß gleich dominiert das Fritz Walter-Stadion, der ehemalige Betzenberg, über die Stadt. Man sollte meinen, jedes Kind müsse hier den großen Vorbildern des 1. FC Kaiserslautern nacheifern und träumen, einmal selbst in dieser imposanten Arena zu spielen. Aber Dr. Markus Merk entschied sich für das Amt des Schiedsrichters. Was für ein Hobby, freiwillig Buhmann zu sein bei kargen Spesen für junge Stars mit hohen Gagen. Selbstverständlich spielte er auch Fußball. Mit fünf Jahren trat er gegen jede Blechdose, die er auf der Straße fand und war bis zu seinem 14. Lebensjahr aktiver Fußballer. Trotzdem faszinierte ihn die Schiedsrichterei. 1974, nach einer Werbeaktion für neue, junge Schiedsrichter, entschied er sich endgültig, das Amt des Unparteiischen zu ergreifen.

„Ich wollte einfach mitmachen. Im Blütealter von 12 Jahren absolvierte ich die Prüfung und leitete am 21. September 1974 mein erstes Spiel. Ich spielte parallel dazu noch zwei Jahre selbst Fußball. Aber beides, das Schiedsrichtern und das Spielen, ließ sich immer weniger vereinen. Es braucht wohl immer einen ausschlaggebenden Punkt, eine Entscheidung herbeizuführen. Bei mir war dieser Punkt eine Unstimmigkeit mit dem Trainer, die mich endgültig veranlaßte, das Schiedsrichteramt zu ergreifen, unwissend, was die Jahre bringen sollten. Ich hatte Spaß an der Schiedsrichterei, wie andere am Schachspielen. Mein Vater, früher selbst aktiver Schiedsrichter, betreut seit 30 Jahren die Schiedsrichter in Kaiserslautern. Von daher bestand schon als Kind über die Familie eine enge Verbindung. Aber es war nicht so, daß ich zur Schiedsrichterei gedrängt wurde, sondern das ist allein aus mir entstanden. Im Gegenteil, mein Vater, der dieses harte Geschäft aus den oberen Klassen kannte, äußerte sich skeptisch: ‚Laß' die Finger weg', meinte er. Und mein Entschluß, mit dem Fußballspielen aufzuhören, bedeutete die einzige gravierende Unstimmigkeit in den ganzen Jahren zwischen uns.

Nach der Zeit des Fußballspielens verlegte ich mich auf Leichtathletik (Langstreckenlauf) und auf Triathlon. Langstreckler sind immer Einzelkämpfer. Es bleibt einem auch gar nichts anderes übrig. Diese Kämpfernatur gehört dazu, wenn man sich für diese Ochsentour entscheidet. Ich nahm mir schon frühzeitig vor, immer wieder eine Stufe voranzukommen und setzte mir das Ziel, weiter aufzusteigen. Ich arbeitete hart an mir, sowohl im sportlichen Bereich wie auch in der Regelkunde. Es war eine interessante Zeit, denn als Jugendlicher wurde man schon mal von einem älteren Kollegen schräg von der Seite angeschaut. Oftmals war es schwer, sich bei Spielen Älterer durchzusetzen. Aber der Anreiz war groß, sich auch den stärksten Kritikern zu beweisen. Später merkte ich, so mit 17 oder 18 Jahren, wie prägend das Schiedsrichteramt für mich war. Ich übernahm ja frühzeitig eine Rolle, die in diesem Alter nicht selbstverständlich ist. Ich leite und lenke ein Spiel, das beeinflußt nicht nur vom Sportlichen her, sondern vor allen Dingen auch persönlich. Es ist ein entscheidender Vorteil für die Persönlichkeitsentwicklung, wenn man, zumindest für ein paar Jahre, die Schiedsrichterei ausgeübt hat. Man wird frühzeitig mit Konflikten auf dem Spielfeld konfrontiert, so daß man lernen muß, wie man als Spielleiter damit zurecht kommt."

Vorbilder benennt Markus Merk keine. Zögernd erwähnt er Albert Dusch aus Kaiserslautern, ein berühmter deutscher FIFA Schiedsrichter früherer Jahre, der bei zwei Weltmeisterschaften, 1958 und 1962, aktiv Spiele leitete. Ihm ist es zu verdanken, erzählt Merk, daß sich immer mehr Jugendliche für das Schiedsrichteramt interessieren. Obwohl er viel Kritik von der konservativen Basis bekam, weil er junge Schiedsrichter auch in der Bezirksliga oder Verbandsliga einsetzte, konnte er seine Arbeit verwirklichen. „Dusch sagte immer wieder: Ich kann dir eine Chance geben, nutzen mußt du sie selbst. Als Sportler, aber auch darüber hinaus, motivierte mich dieser Satz ungemein." Und Markus Merk zitiert noch einen Satz, der ihm imponiert: „Wer im Sport etwas leistet, der wird es auch im Leben zu etwas bringen“ (Josef Neckermann). Obwohl er sich nicht näher darüber ausläßt, so ist doch zu vermuten, daß sich hinter diesen Aussagen ein Teil seiner Lebensauffassung versteckt. Wichtig empfindet er auch das Lernen über Beobachtung: „Ich lernte von allen Schiedsrichtern, die auf dem Betzenberg pfiffen, zum Beispiel das Handling mit den Spielern, wie reagiert der Schiedsrichter in bestimmten Situationen, Spielphasen oder bei Spielunterbrechungen, wie managt er das gesamte Spiel. Bei jedem Spiel konnte ich neue Erfahrung gewinnen, egal ob positiv oder negativ. So versuche ich auch heute noch zu agieren. Wenn mal etwas nicht so gut gelaufen ist, schaue ich zuerst selbst in den Spiegel und verweise nicht auf andere. Wichtig bleibt, Selbstkritik zu bewahren, sich selbst zu analysieren. Das Schöne an der Schiedsrichterei ist, daß man nie auslernt und immer wieder ein Wellenbad der Gefühle durchlebt. Es genügt nicht immer, speziell markante Situationen zu überdenken. Es geht auch nicht darum festzustellen, ob es ein Elfmeter war oder nicht. Wichtig für mich ist: Verhielt ich mich richtig? Wo stand ich in diesem Moment, hätte ich vielleicht etwas ändern können? Ich suche immer wieder Distanz zum Fußball, um persönlich den Boden unter den Füßen nicht zu verlieren und mich von diesem Geschäft Fußballbundesliga nicht vereinnahmen zu lassen. Das Langstreckenlaufen, also Einzelsport, ist und war mir dabei nicht nur körperlich, sondern auch geistig eine große Hilfe. Ebenso wie meine jährlichen Reisen nach Indien[6], wo ich zwei oder drei Wochen eine andere Welt, eine andere Problematik sehe und damit Abstand und Gelassenheit gewinne. Diese Gelassenheit muß natürlich irgendwo angeboren sein. Zum anderen ist es natürlich auch ein Lernprozeß, ebenso wie die Beobachtungsgabe. Im Laufe der Jahre entwickelt sich das Gefühl, wie man das Spiel und die 22 verschiedenen Charaktere auf dem Platz leitet. Ein guter Schiedsrichter zeichnet sich als guter Psychologe aus. Das sind Dinge, die von der Tribüne aus nicht zu sehen sind, wie der Umgang mit

6 Seit 1991 werden in Südindien rund 30 Kinderheime (2000 Kinder) von Markus Merk und einigen anderen Kollegen zahnärztlich betreut. In der Hauptsache engagiert sich Markus Merk in Projekten, die zum Ziel haben, den Familien Wege aus ihrer Armut zu zeigen, in dem z.B. ein junges Familienmitglied eine fundierte Ausbildung erhält und so den Rest seiner Familienangehörigen ernähren kann. Merk hat mit Beginn des Jahres 1996 eine Trägerschaft für ein neues Projekt übernommen und für 1998 ist der Bau eines Kinderheimes geplant.

den Spielern usw. Für mich ist Fußball ein Schachspiel: Es gewinnt derjenige, der die richtigen Züge zum richtigen Zeitpunkt macht. Wenn ich mir sage, der eine ist der, der immer reklamiert, der andere läßt sich immer fallen, der dritte der, der Schwalben produziert, auf all das sollte ich achten, dann habe ich schon einen Fehler gemacht. Das Wesen und der Charakter eines Schiedsrichter besteht darin, was man mitbringt, was einem gegeben ist. Ich gehe am Samstag auf das Spielfeld und es spielt Gelb gegen Blau oder Weiß gegen Rot. Dieser Versuch zu objektivieren, erschient für viele schwierig nachvollziehbar. Zwar gibt es Vereine, die einem sympathischer sind – man ist ja auch ein Mensch und keine Maschine. Aber wenn man auf den Platz geht, dann gibt es zwei Parteien, die gleich zu behandeln sind. Distanz und Gelassenheit verhindern auch, daß die Medien zu sehr Einfluß auf mich nehmen. Wir leben leider in einer Negativgesellschaft und das Negative bleibt im Gedächtnis. Wenn am Samstag irgendwas los war, spricht mich hier jeder auf der Straße an. Ist es positiv verlaufen, bzw. der Schiri positiv erwähnt worden, wird man gerade mal gegrüßt. Ich sehe das aber als eine gute Erfahrung für das Leben. Freunde kommen zugelaufen, aber Neider muß man sich erkämpfen. Und selbst wenn der Schiedsrichter in den Zeitungen schlecht wegkommt, überwiegen doch die positiven Zuschriften. Ich sehe trotz aller negativen Einflüsse, die persönlich auf uns Schiedsrichter einprasseln, das Positive.“

Die Vorfälle vor dem Spitzenspiel in Dortmund in der Bundesliga-Saison 1995/96 bewertet Markus Merk mittlerweile durchaus distanziert. Toleranz ist dabei fehl am Platz, obwohl er von diesem unsportlichen Verhalten ruhig und gelassen berichtet. Bedrohungen kann gerade Merk kaum entgehen, zumal er eine Zahnarztpraxis in Kaiserslautern betreibt. Er will sich auch nicht näher darüber auslassen, sondern hofft auf den intellektuellen Lernprozeß der damals beteiligten. Lieber berichtet er von seinem ersten Spiel 1974, als er als 12jähriger zur Verwunderung aller auf dem Sportplatz erschien, um eine E-Jugendpartie zu leiten: „Das gab natürlich einen riesigen Aufschrei, das konnte keiner glauben. Aber das Besondere an dem Tag war vielleicht, daß am Nachbarplatz der Schiedsrichter nicht gekommen ist und ich das nächste Spiel auch noch gepfiffen habe. Das war schon ein D-Jugend Spiel. So ging es sehr schnell bergauf mit mir. Für mich persönlich war natürlich das erste Bundesligaspiel der Höhepunkt, nicht nur als Schiedsrichter, sondern auch als Sportler. Als Schiedsrichter war das wohl der größte Tag meiner Laufbahn. Du hast das unbekümmerte Kinderspiel der Jugendlichen aus Spaß und Freude gemacht, damals vielleicht immer mit den Träumen, eines Tages mal in einem Bundesligastadion zu stehen, sei es an der Linie, sei es in der Mitte. Nach einem langen Weg, einer Ochsentour, wie die Schiedsrichter sagen, schloß sich der Kreis für mich 1988 in Bochum. Natürlich sind wesentlich markantere Spiele gefolgt, wie Pokalendspiele in Berlin oder auch internationale Auseinandersetzungen. Jedes Spiel ist was besonderes, aber bleibend in der Erinnerung ist mein erster Bundesligaeinsatz in Bochum (VFL Bochum gegen Uerdingen). Wer mit 12 Jahren anfängt, der denkt gar nicht daran, daß er später mal im Bochumer Stadion stehen könnte. Es war damals schon außergewöhnlich, so früh anzufangen. Heute hat sich das Schiedsrichterwesen komplett verändert. Mit 26 Jahren in die Bundesliga zu kommen, ist bis dato die absolute Ausnahme. Aber als ich mit 23 Jahren in der 2. Liga pfiff, war der Aufschrei fast noch größer. Bei meinem ersten Spiel konzentrierte sich kaum einer auf die Partie, sondern nur auf den Schiedsrichter. Ich kann mich erinnern, wie wir aus den Kabinen herauskamen und die Treppe hochgingen, da blitzten schon alle von oben herunter, eine Masse von Fotografen. Wir kamen da gar nicht mehr durch. Einer der Spieler rief dann: ‚Laßt den doch mal durch und macht ihn nicht verrückt. Sonst kann der doch heute nie mehr ein Spiel pfeifen.'"

Markus Merk verkörpert einen neuen Typus des Schiedsrichters. Waren die Schiris früher mehr oder weniger sympathische Egozentriker, so begreift die neue Schiedsrichtergeneration ihr Amt zuallererst als Sport. Und Sport basiert auf Leistung und diese wiederum auf Training. Der DFB fordert die Ligaschiedsrichter alle drei Monate zu Leistungsprüfungen. Auch reduzierte sich die Zahl der Top-Schiedsrichter von ehemals 37 auf 22, um das Leistungsniveau konzentrieren zu können. Neben dem gewandelten sportlichen Aspekt zeigt sich eine neue Professionalität. Schiedsrichter sein, bedeutet nicht mehr nur ein Hobby auszufüllen, sondern Leistungssport, der auch eine intellektuelle Basis beinhaltet. Menschen, die sich heute entschließen, die Pfeife in die Hand zu nehmen und hochklassig aufsteigen wollen, müssen sich bewußt sein, daß sie nicht nur ein Spiel leiten, sondern auch über immense Summen mit entscheiden. Dazu braucht es, wie Merk erwähnt, sportliche Fitneß, Fachkunde und neutrale Gelassenheit.

Den Wandel im Bundesligafußball beschreibt Merk im Rückblick auf die 70er Jahre: „Vor ein paar Wochen sah ich mir das wohl berühmteste,

Markus Merk: Eine Bilderbuch-Karriere als Schiri. Sein erstes Bundesligaspiel leitete er im Alter von 26 Jahren.

wahrscheinlich auch beste Pokalendspiel, das es jemals in Deutschland gab, nochmals an: Köln gegen Gladbach. In dem Match schoß Netzer dieses sensationelle Tor. Beim Betrachten des Spieles sah ich deutlich, wie sich der Fußball entwickelte. Also muß sich auch die Stellung des Schiedsrichters verändert haben. Solche Spielmachertypen wie Netzer oder Overath konnten sich nur damals entfalten, weil das Ganze nicht so dynamisch und kampfbetont war. Es gab zwar auch Fouls, aber kaum überharte Zweikämpfe. In den letzten acht Jahren, seit ich in der Bundesliga pfeife, ist alles wesentlich schneller geworden. Hinzu kommt noch die alles umfassende Medienpräsenz. Vor 10 Jahren gab es noch Spiele, die weder in der ARD noch im ZDF zu sehen waren. Heute wird auch noch das unwesentlichste Spiel ausführlich in zig Programmen gezeigt. Somit hat sich auch der Stellenwert des Schiedsrichters in der Öffentlichkeit gewandelt. Heute werden zumindest die Top-Schiedsrichter überall erkannt, was vor ein paar Jahren nicht der Fall war."

Es war offensichtlich, daß Markus Merk während des Gespräches in dem Kaiserslauterer Cafe intellektuelle und sachliche Distanz halten wollte. Nur am Schluß ereiferte er sich etwas, als sich die Diskussion um Jugendfußball und Schiedsrichterei drehte: „Eigentlich müßten die besten Schiedsrichter die Jugendspiele pfeifen! Ein großes Anliegen und ein wesentlicher Punkt für mich ist, daß jeder in den Vereinen darauf achtet, die adrenalingefüllten Trainer und Übungsleiter vom Spielfeldrand verschwinden zu lassen. Und vor allen Dingen sollten die schreienden Eltern isoliert werden, die ihre Kinder schon in der E-und F-Jugend zu Superstars erziehen wollen. Diese Leute verderben nicht nur ihren eigenen Kindern den Spaß am Fußball, und das ist schon schlimm genug, sondern vergrätzen auch unsere jungen Schiedsrichter. Vor 14 Tagen war ich Schirmherr bei einem Jugendturnier hier im Landkreis. Interessant dabei war zu beobachten, daß sich die Mehrheit der Eltern eigentlich ruhig und neutral verhielt. Allein eine lautstarke Minderheit tobte sich auf dem Platz aus. Aber gerade die machen vieles kaputt. Ähnliches ist bei den Übungsleitern zu erkennen. Gerade der Jugendbereich benötigt nicht unbedingt den hochtalentierten und begabten Trainer, den Fußballexperten, sondern hier sind Menschen gefragt, die mit Herz bei der Sache sind, die sich mit Menschenführung auskennen und die das Wohl des Kindes oder Jugendlichen nicht aus dem Auge verlieren. Alle, die in diesem Bereich tätig sind, müssen sich bewußt sein, daß sie eine Vorbildfunktion ausfüllen. Und diese Funktion sollten gerade auch Profifußballer für sich selbst erkennen. Es weiß jeder, daß ich immer an die Großen herangehe. Einige meinen, ich würde das ausreizen und immer die Berühmtheiten holen, um mich selbst zu beweisen. Aber gerade die besitzen die Vorbildfunktion für die Jugend. Die Wildgestikulierenden, die den Ball wegtreten, die Stimmung machen, an diese Spieler muß man rangehen. Mir imponieren nur solche Spieler, die fair und kämpferisch handeln und die aus ihrer Veranlagung das Optimale herausarbeiten. Stefan Kuntz ist deswegen für mich ein positives Beispiel."

Der große Regeltest

Schiedsrichter-Prüfung aus dem Jahre 1955

am 24. 4. 1955 (Schiedsrichtergruppe Ammersee/Obb.)

1. Wie ist die übliche Größe eines normalen Spielfeldes?
2. Mindesthöhe der Eckfahnen?
3. Wer ist für Platzzeichnung verantwortlich?
4. Sagen Sie die Innenmaße der Tore!
5. Umfang des Balles?
6. Gewicht des Balles?
7. Darf der Ball während des Spieles ohne weiteres gewechselt werden?
8. Wieviel Spieler müssen bei Beginn des Spieles auf jeder Seite mindestens in Spielkleidung angetreten sein?
9. Darf der Torwart während des Spieles ohne weiteres gewechselt werden?
10. Muß ein Torwartwechsel während der Pause dem Schiedsrichter gemeldet werden?
11. Was hat der Schiedsrichter zu tun, wenn beide Mannschaften sich in der Spielerkleidung nicht voneinander unterscheiden?
12. Darf ein verletzter Spieler ersetzt werden?
13. Kann ein des Feldes verwiesener Spieler durch einen anderen Spieler ersetzt werden?
14. Was hat der Spieler zu tun, wenn er vorübergehend das Spielfeld verlassen will?
15. Wann darf ein Spieler das Spielfeld ohne Abmeldung und Genehmigung des Schiedsrichters verlassen?
16. Dürfen einzelne Spieler der beiden Mannschaften ohne Schuhe spielen?
17. Wie muß ein ordnungsgemäßer Fußballstiefel beschaffen sein?
18. Wann beginnt das Strafrecht des Schiedsrichters?
19. Kann ein Spieler während der Pause vom weiteren Spiel ausgeschlossen werden und in welchem Falle?
20. Kann ein Schiedsrichter einen Platzverweis zurücknehmen und wie lange?
21. Worin besteht die Aufgabe des Linienrichters?
22. Soll der Linienrichter auf oder außerhalb der Seitenlinie bleiben?
23. Wie lange spielen a) die Senioren? b) die Jugend? c) die Schüler?
24. Bei welchem Anlaß muß der Schiedsrichter die Spielzeithälften verlängern?
25. Wie lange dauert die Halbzeitpause?

26. Wie wird gelost?
27. Hat der das Los gewinnende Spieler Anstoß oder Seitenwahl?
28. Wann ist der Ball beim Anstoß im Spiel?
29. Wer hat bei Beginn der zweiten Halbzeit das Recht zum Wiederanstoß?
30. Was hat der Schiedsrichter zu tun, wenn bei Spielen, bei denen eine Verlängerung nötig ist, diese einen unentschiedenen Ausgang nehmen?
31. Wann ist der Ball i m Spiel?
32. Wann ist der Ball a u s dem Spiel?
33. Wie lange kann ein Schiedsrichter eine getroffene Entscheidung ändern?
34. Wann ist ein Tor erzielt?
35. Soll ein Schiedsrichter bei Torentscheidungen den Linienrichter befragen?
36. Hat ein Linienrichter das Recht, in das Spielfeld zu laufen, um dem Schiedsrichter Mitteilung zu machen?
37. Wann ist ein Spieler abseits?
38. In welchen Fällen ist Abseits aufgehoben?
39. Was hat der Schiedsrichter bei Abseits zu entscheiden?
40. Wann gibt es einen <u>direkten</u> Freistoß?
41. Wann gibt es einen <u>indirekten</u> Freistoß?
42. In welchen Fällen ist eine Verwarnung auszusprechen?
43. Wann ist ein Strafstoß zu verhängen?
44. In welchen Fällen ist ein Platzverweis auszusprechen?
45. Worin besteht der Unterschied zwischen einem direkten und indirekten Freistoß?
46. Darf ein Strafstoß nach rückwärts ausgeführt werden?
47. Wo muß der Einwurf ausgeführt werden?
48. Wann ist der Ball bei Abstoß im Spiel?
49. Kann aus einer Ecke direkt ein Tor erzielt werden?
50. Der Ball prallt beim Eckstoß vom Torpfosten zu dem den Eckstoß ausführenden Spieler zurück. Darf dieser Spieler den Ball wieder spielen?

Lösungen zur Schiedsrichter-Prüfung aus dem Jahre 1955

1. 90/50
2. 1.50 m
3. Platzverein
4. 7.32 m / 2.44 m
5. 68 cm
6. 396–450 g
7. Nein
8. 8 Spieler
9. Nein
10. Nein
11. Der Platzverein muß die Kleidung wechseln.
12. Nein
13. Nein
14. Er muß den LR verständigen.
15. Nur wenn er verletzt wurde.
16. Nein.
17. Lederschuh mit Lederstollen oder Gummistollen, die abgerundet sind.
18. Bei Beginn des Spieles.
19. Er kann nur im Spiel hinausgestellt werden.
20. Ja, solange der Ball nicht freigegeben worden ist.
21. Er ist Gehilfe des Schiedsrichters.
22. Er muß auf der Außenlinie sein.
23. a) 2 x 45 Min. b) 2 x 40 Min. c) 2 x 30 Min.
24. Spielverzögerung durch Ball ins Wasser fallen usw.
25. Fünf Minuten.
26. Durch Münzen.
27. Er kann beides wählen.
28. Bei einer ganzen Umdrehung.
29. Der in der 1. Halbzeit die Platzwahl hatte.
30. Er hat 2 x 15 Min. zu verlängern.
31. Wenn er eine ganze Umdrehung gemacht hat.

32. Wenn er die Seiten der Außenlinie überschritten hat oder durch Spielunterbrechung.
33. Eine Entscheidung ist nicht zu ändern.
34. Wenn der Ball die Torlinie ganz überrollt hat.
35. Nein
36. Nein
37. Wenn sich der Spieler vor dem Abspiel seines Mitspielers hinter den beiden Gegenspielern befindet.
38. Einwurf. Ecke. Wenn der Ball vom Gegner kommt.
39. Freistoß
40. Grobes Spielen, Handspiel.
41. Wenn der Torwart mehr als vier Schritte mit dem Ball läuft oder mit dem Ball die Strafraumgrenze überschreitet und bei gefährlichem Spiel.
42. Unsportliches Verhalten, gefährliches Spiel, bei bewußter Körperverletzung.
43. Halten des Gegenspielers und Handspiel im Strafraum
44. Bei unsportlichem Verhalten
45. Bei einem direkten Freistoß kann der ausführende Spieler das Tor erzielen, bei indirektem Freistoß nicht.
46. Ja
47. Auf der Außenlinie
48. Wenn der Ball den Strafraum überschritten hat.
49. Ja
50. Nein

Prüfungsbogen aus dem Jahre 1995

am 27. 3. 1995 (Schiedsrichtergruppe Ammersee/Obb.)

1. Ist der Ball bei der Ausführung eines Eckstoßes im Spiel, wenn er die Strecke seines Umfanges (70 cm) zurückgelegt, den Viertelkreis aber noch nicht verlassen hat?
2. Bei einem Privatspiel 1. Herrenmannschaften setzen beide Vereine Spieler ein, deren Spielerlaubnis erst 6 Wochen alt ist. Wie verhält sich der SR?
3. Nach Ablauf einer Zeitstrafe (A-Junioren) soll statt des bestraften Spielers ein anderer Spieler eingewechselt werden. Wann darf der Spieler das Spielfeld betreten?
4. Der TW wird während einer Spielunterbrechung ohne Kenntnis des SR ausgewechselt. Sofort läuft das Spiel mit der Ausführung eines Einwurfes weiter. Der darauffolgende Flankenball wird nun von dem eingewechselten TW abgefangen. Entscheidung?
5. Ein ausgewechselter Spieler läuft in Sportkleidung (Trainingsanzug) auf das Spielfeld und verhindert durch Aufhalten des Balles mit der Hand ein Tor. Der Tatort war 2 m vor der Torlinie. Entscheidung?
6. Weil ein Spieler seiner Mannschaft verletzt auf dem Spielfeld liegt, läuft der Trainer auf das Spielfeld, obwohl das Spiel nicht unterbrochen ist. Was hat der SR zu veranlassen und wie ist die Spielfortsetzung?
7. Welche Möglichkeiten persönlicher Strafen auszusprechen hat der SR?
   a) bei Herren-, Senioren- und Damenspielen
   b) bei Junioren- und Juniorinnenspielen
8. Ein Spieler hat sich beim SR verletzt abgemeldet. Das Spiel läuft weiter. Kurz vor Verlassen des Spielfeldes an der Seitenlinie spielt dieser Spieler den auf ihn zukommenden Ball mit dem Fuß.
9. Der bereits verwarnte Verteidiger von Gelb wehrt den Ball auf der Torlinie stehend mit der Hand ab. Er kann aber nicht verhindern, daß der Ball trotzdem ins Tor rollt. Entscheidung?
10. Während das Spiel in der anderen Hälfte läuft, schlägt ein Verteidiger einen Stürmer im eigenen Strafraum mit dem Fuß ins Gesäß.
11. Ein Zuschauer steht außerhalb des Spielfeldes, nahe der Seitenlinie. Der LR sieht, wie ein Spieler, der im Feld steht, diesem Zuschauer versteckt einen Schlag mit der Faust versetzt. Er gibt sofort ein Zeichen.
    ( ) a) FV, idF wo sich der Ball befand
    ( ) b) FV, idF an der Seitenlinie
    ( ) c) FV, SRB

12. Der Strafstoß wird indirekt ausgeführt; ein Stürmer dringt zu früh in den Strafraum ein und nimmt den Ball an.
( ) a) Vw, Wiederholung
( ) b) Vw, idF
( ) c) Vw, SR-Ball

13. Der SR hat den Strafstoß angepfiffen. Der Schütze spielt den Ball nach rückwärts. Ein Mitspieler läuft jetzt in den Strafraum, übernimmt den Ball und erzielt ein Tor.
( ) a) Tor
( ) b) Wiederholung
( ) c) Vw, idF gegen den Schützen

14. Zur Ausführung eines Strafstoßes gibt der SR das Spiel durch Pfiff frei. Der ausführende Spieler schießt den Ball ins Tor. Während der Ausführung erkennt der SR, daß der Schütze als 12. Spieler auf das Feld gekommen ist, ohne sich vorher beim SR anzumelden.
( ) a) Vw, Wiederholung
( ) b) Vw, Abstoß
( ) c) Vw, idF

15. Der Mittelstürmer läuft alleine auf das Tor zu und spielt auch den ihm entgegenkommenden TW aus. Er schiebt nun den Ball auf das leere Tor. Kurz vor Überschreiten der Torlinie läuft plötzlich ein Auswechselspieler des Gegners ins Feld, versucht den Ball aufzuhalten, fälscht ihn aber nur ab und der Ball landet im Tor.
( ) a) Tor
( ) b) SR-Ball und Meldung
( ) c) idF und Meldung

16. Ein Verteidiger spuckt seinem Gegenspieler im eigenen Strafraum ins Gesicht. Der Ball ist im Spiel. Welche Entscheidungen sind notwendig?
( ) a) FV, idF
( ) b) FV, dF
( ) c) FV, Strafstoß

17. Ein Spieler, der sich wegen einer Verletzung außerhalb des Spielfeldes hinter der Seitenlinie befindet, läuft ohne Anmeldung auf das Spielfeld und hält den Ball, den ein Gegenspieler sich ca. 5 m vorgelegt hat, mit der Hand auf. Der verletzte Spieler hat noch keine persönliche Strafe.
( ) a) Vw, dF
( ) b) Gelb/Rot, da zwei Vergehen gleichzeitig passiert sind und das schwerere Vergehen zu bestrafen ist, dF
( ) c) Vw, idF, wo sich der Ball befand

18. Der SR bemerkt, wie ein Spieler das Spielfeld verläßt und einen Zuschauer außerhalb des Feldes schlägt.
   ( ) a) FV, idF, wo der Ball sich befand
   ( ) b) FV, idF, wo der Spieler das Feld verließ
   ( ) c) FV, SR-Ball
19. Der Verteidiger wird vom Stürmer 20 m vor dem Tor angegriffen und kommt ins Stolpern. In größter Not kann er den Ball seinem Torwart zuspitzeln, der den Ball mit der Hand aufnimmt. Was unternimmt der SR?
   ( ) a) Da der Verteidiger in größter Not handelt – weiterspielen
   ( ) b) Dort, wo der TW den Ball aufnimmt, idF
   ( ) c) Erlaubte Spielweise – weiterspielen
20. Der TW hat den Ball gefangen und trägt ihn mehr als 5 Schritte. Beim sechsten Schritt wirft er den Ball einem Gegenspieler, der außerhalb des Strafraumes steht, absichtlich heftig ins Gesicht.
   ( ) a) FaD für den TW und Strafstoß
   ( ) b) idF gegen den TW
   ( ) c) Gelb/Rot für den TW, idF

Lösungen zum Prüfungsbogen aus dem Jahre 1995

1. Wenn der Ball innerhalb des Viertelkreises 70 cm zurückgelegt hat, dann ist er im Spiel.
2. Der SR veranlaßt nichts, die Spieler dürfen am Spiel teilnehmen.
3. Bei der nächsten Unterbrechung auf ein Zeichen des Schiedsrichters.
4. Der SR muß auf SRB entscheiden, wo sich der Ball befand, und außerdem den AW-Spieler (d.i. der neue TW) verwarnen.
5. SRB auf der Torraumlinie und Meldung.
6. Der SR weist den Trainer vom Spielfeld. SRB wo sich der Ball befand, Meldung.
7. zu a) VW, G/R, FaD zu b) VW, FaZ (5 Min.), FaD
8. VW wegen Unsportlichkeit, idF.
9. G/R, Tor.
10. FaD, Strafstoß (doch BSO modifizierte Frage)
11. b
12. b
13. b
14. a
15. b
16. c
17. a
18. a
19. b
20. a

Anstatt eines Nachwortes

1. Szene

„Was wäre Ihnen nun wichtig, noch zu sagen?"

„Wird das hier ein Buch?"

„Es soll ein Buch werden, ja."

„Ich gehe mal davon aus, ein Buch, in dem Sie die Schiedsrichter in die Pfanne reinhauen!"

„Nein es soll auch eine Werbung..."

„...eine Werbung, genau. Das ist einfach mal eine gute Gelegenheit, das Schiedsrichteramt positiv darzustellen!"

„Das wird nicht unkritisch geschehen, aber die Grundlinie ist eine Werbung. Sonst würde ich das nicht machen, weil ich keine Lust habe, im gleichen Senf herumzurühren, wie es alle machen."

„Das habe ich auch so gesehen, darum mache ich das auch mit. Ich habe kein Interesse meine Zeit für etwas zu opfern, wo dann alles mies gemacht wird. Ich selbst habe während meiner Schiedsrichtertätigkeit eine wunderschöne Zeit erlebt. Ich habe auch mit den Herren vom DFB gesprochen. Sonst wäre ich auch gar nicht hier... ohne den 23. Mann könnt ihr nicht Fußball spielen, weil ihr euch spätestens nach zehn Minuten die Hucke vollhaut."

2. Szene

„Ach, Herr Fock. Wissen Sie. Ich kann jetzt doch nicht mitmachen. Ich bekomme sonst eine Konventionalstrafe, weil ich bereits bei einem anderen Schiedsrichterbuch mitmache."

„Welcher Verlag?"

„SPRINGER Verlag. Die haben von irgend jemand über ihr Buchprojekt..."

„Wer?"

„Wenn ich wieder mal in Berlin vorbeikomme werde ich mich informieren, wer denen das zugesteckt hat.“

„Sie können trotzdem bei uns...“

„Nein, wissen Sie, Herr Fock. Ich bin da eingeflogen worden, schönes Hotel und so und ein Honorar von 300 DM.“

„Trotzdem, Sie könnten auch in unserem Buch mitmachen. Schreiben Sie doch zum Beispiel was über Ihren ersten Platzverweis.“

„Ach, wissen Sie. In meiner ganzen Karriere habe ich drei Platzverweise ausgesprochen. Mit zwei von den Spielern die ich vom Platz gestellt habe, habe ich mich gleich nach Spielschluß wieder vertragen.“

3. Szene

„Also so ein Schreiben habe ich noch nie erhalten.“

„Ah.“

„Was heißt das hier: Bescheid geben.“

„Ah.“

„Ich könnte, ja, mich interessiert der Schiedsrichterbetreuer. Mit Herrn Strigel war ich da mal eine Zeitlang unterwegs. Ich sag's Ihnen, das wär doch was. Da hätt' ich auch was.“

„Ah. Ja. Also gut. Ich schicke Ihnen...“

„Und Honorar?“

„Ich schicke Ihnen die kompletten Unterlagen...“

„Ja, tun Sie das.“

4. Szene

„Was, Sie auch?“

„Wie bitte?“

„Das Thema Schiedsrichter muß ja eine richtige Marktlücke sein!“

„Wieso?“

„Ja, ja.

„Nein, mir ist das ganz neu.“

„Ja, wissen Sie.“

„Nein. Ich wollte Sie nur fragen ob Sie Interesse an einer Mitarbeit haben.“

„Ich? Nein, absolut nicht. Das interessiert mich nicht.“

„Na gut.“

„Ihr Verlag, Ihr Name bitte. Ich werde mich gleich mit dem DFB in Verbindung setzen."
„Tun Sie das. Herr Löw ist informiert und hat uns auch unterstützt."
„Das wird überprüft."
„Auf Wiederhören."
„Wie? Ja, ja."

Diese Szenen spielten sich tatsächlich *so* ab. Die Namen der Gesprächspartner liegen dem Verlag vor. Hinsichtlich der 2. Szene lassen wir uns mal überraschen, was da rauskommt und was die letzte Szene angeht: schau ma mal wer in dieser sogenannten „Marktlücke" Platz finden wird und den Schiri womöglich neu „erfindet".

Schlußpfiff!

Der Herausgeber

Die biographischen Eckdaten der in diesem Buch vertretenen Schiedsrichter und Autoren

Aust, Jürgen, geb. 1960; Rechtsanwaltsgehilfe. Ausgeübter Beruf: Geschäftsführer einer Anwaltskanzlei. Schiedsrichter im Fußballverband Mittelrhein. Verein: SV Auweiler-Esch. Bundesligaschiedsrichter seit 1990; FIFA-Schiedsrichter seit 1995.

Birlin, Gabriele, geb. 1960; Ausgeübter Beruf: Kaufmännische Angestellte im Marketingbereich. Schiedsrichterin im Südbadischen Fußballverband. Verein: FV Degerfelden. Seit 1991 Schiedsrichterin in der Damen-Fußballbundesliga. Seit der Saison 1995/96 Schiedsrichterin in der Herren-Verbandsliga.

Heynemann, Bernd, geb. 1954; Diplombetriebswirtschaflter. Ausgeübter Beruf: Leiter der Öffentlichkeitsarbeit bei der AOK in Magdeburg. DDR-Oberliga-Schiedsrichter von 1980 bis 1991. Schiedsrichter im Fußballverband Sachsen-Anhalt. Verein: Fortuna Magdeburg. Bundesligaschiedsrichter seit 1991; FIFA-Schiedsrichter seit 1989 und Schiedsrichter bei der Europameisterschaft 1996 in England.

Krug, Hellmut, geb. 1956; Ausgeübter Beruf: Sportpädagoge bei der AOK in Gelsenkirchen. Schiedsrichter im Fußballverband Westfalen. Verein: Fortuna Gelsenkirchen. Bundesligaschiedsrichter seit 1986; FIFA-Schiedsrichter seit 1991 und Schiedsrichter bei der Weltmeisterschaft 1994 in den USA und der Europameisterschaft 1996 in England.

Dr. Merk, Markus, geb. 1962; Ausgeübter Beruf: Zahnarzt. Schiedsrichter im Fußballverband Südwest. Verein: 1. FC Kaiserslautern. Bundesligaschiedsrichter seit 1988; FIFA-Schiedsrichter seit 1992.

Paintner, Josef, geb. 1921; vor seiner Verrentung tätig als Zimmerer und Maurerpolier. Seit 1941 Schiedsrichter. Sein letztes Spiel (von über 1500) leitete er im Jahre 1995. Schiedsrichter u.a für den TSV 1860 München, SC Schöngeising, FC Landsberied und SpVgg. Wildenroth. Ex-Schiri-Obmann der Schiedsrichter-Gruppe Ammersee (Obb.). 1981 Ehrennadel des BFV und BLSV in Silber.

Schmidhuber, Aron, geb. 1947; Ausbildung als Einzelhandelskaufmann. Heute ausgeübte berufliche Tätigkeit: Klinikreferent. Schiedsrichter im Bayerischen Fußballverband. Verein TSV Brunnthal. Leitete u.a. über 152 Bundesligaspiele, drei Europacup-Endspiele, Schiedsrichter bei der Weltmeisterschaft 1990 in Italien und Europameisterschaft in Schweden 1992. Heute im Lehrstab des DFB und als Spielbeobachter für die FIFA und den DFB unterwegs.

Steinborn, Edgar, geb.1957; Ausbildung als Maschinenschlosser. Danach Studium zum staatlich geprüften Maschinenbautechniker. In diesem Beruf in der Fertigungssteuerung eines Automobilzulieferers tätig. Schiedsrichter im Fußballverband Rheinland. Verein: SC Rheinland Sinzig. Bundesligaschiedsrichter seit 1988; FIFA-Schiedsrichter seit 1995.

und:

Fock, Manfred, geb. 1955; Dipl. Sozialpädagoge (FH). Arbeitet hauptberuflich mit straffälligen Jugendlichen und jungen Erwachsenen. Seit 1990 Jugendtrainer (seit 1995 B-Lizenz-Jugend). Diverse Buchpublikationen, zuletzt als Herausgeber und Co-Autor von: *So war es. Jugendfußball gestern und – heute?* (1994) und als Autor von *Der letzte Spieltag* (1996).

Koch, Günther, geb. 1941; lebt als teilzeitbeschäftigter Lehrer seit 1964 in Nürnberg. Seine Kindheit verbrachte er in Traunstein und München. Als freier Journalist ist Günther Koch seit 20 Jahren Sportreporter des Bayerischen Rundfunks und der ARD.

Loder, Peter, geb. 1956; Journalist. Nach Schriftsetzer-Ausbildung „Umbruch-Mann“ beim Münchner Merkur und neun Jahre freier Mitarbeiter beim Fürstenfeldbrucker Tagblatt; seit acht Jahren dort Redakteur. Ein Schwerpunkt seiner journalistischen Tätigkeit betrifft die Berichterstattung im Sportteil in o.e. Tageszeitung.

Morris, Desmond, geb. 1928; Verhaltensforscher/Zoologe. Studierte in Birmingham und Oxford Zoologie unter dem berühmten Verhaltensforscher Niko Tinbergen. Zahlreiche Buchveröffentlichungen (u.a. der Weltbestseller *Der nackte Affe*) und Fernsehsendungen. Zuletzt erschien *Das Tier Mensch* (Auch in den dritten Programmen der ARD als mehrteilige Dokumentation gesendet).

Dr. Moritz, Rainer, geb. 1958; Studium der Germanistik, Philosophie und Romanistik in Tübingen. Promotion. 1975 bis 1983 Schieds- und Linienrichter der Schiedsrichtergruppe Heilbronn. Seit 1995 Programmchef und Cheflektor des Reclam Verlages Leipzig. Literaturkritiker und Essayist. Diverse Buchpublikationen, zuletzt als Herausgeber: *Doppelpaß und Abseitsfalle* (1995), *Über „Schlafes Bruder"* (1996) und *Begegnung mit Hermann Lenz* (1996).

Dr. Pilz, Gunter A., geb. 1944; Soziologe am Institut für Sportwissenschaft der Universität Hannover. U.a. Gutachter für das Bundesinnenministerium zu Gewalt im Sport und Fanverhalten und Fankultur sowie Mitarbeit an laufenden Forschungsprojekten zu diesem Themenbereich; Gründer und wissenschaftlicher Begleiter des Fußball-Fan-Projektes Hannover; Mitglied u.a. in der Reformkommission der Polizei beim Innenministerium des Landes Niedersachsen und Mitglied im Beirat der Koordinationsstelle Fan-Projekte bei der Deutschen Sportjugend; Zahlreiche Publikationen zu diesen Themen; zuletzt erschienen: *Jugend, Gewalt und Rechtsextremismus. Möglichkeiten und Notwendigkeiten politischen, polizeilichen, (sozial-) pädagogischen und individuellen Handelns* (1994), mit Pfeiffer L. (Hrsg.) *Hannoverscher Sportverein von 1896 – Die Macht an der Leine* (1996), *Aufsuchende, „akzeptierende", erlebnisorientierte Jugendarbeit: Aufbruch aus einer Kontroverse* (1996).

Steigemann, Werner, geb. 1953; Sozialarbeiter (grad.). Arbeitet hauptberuflich in der berufsbezogenen Sozialarbeit mit Jugendlichen und jungen Erwachsenen. Seit nahezu 20 Jahren aktiv in der Münchner Freizeit-Kicker-Szene. Diverse Beiträge und Reportagen über den Fußballsport in Zeitungen und Buchveröffentlichungen. Zuletzt Co-Autor in: *So war es. Jugendfußball gestern und – heute?* (1994).

Redaktionelle Anmerkungen

Ein herzliches Dankeschön an:

Herrn Löw (Deutscher Fußballverband), für die Weiterleitung der Einladungsschreiben zur Mitarbeit an die Schiedsrichter; Herrn Josef Paintner und Herrn Peter Schuster (SRG Ammersee) für die Überlassung der Prüfungsunterlagen aus dem Jahre 1955 beziehungsweise 1995; den Herren Leonhard Klass, Werner Mayer, Peter Schöberl (Schiedsrichter des SV Adelshofen-Nassenhausen) und Frau Tina Spies (Ex-Schiedsrichterin des VfR Eichenau), die aus ihren Erfahrungsschatz als Schiris im Jugendbereich dem Herausgeber wertvolle Informationen für dieses Buch lieferten und Herrn Markus Merk für seine „verdauungsvollen" Tips wg. „Saumagen" (am 24. Juli 1996 in Kaiserslautern) sowie Richard Farnlacher (Es war scho a Hetzerei) und nochmals allen Autoren, Schiedsrichtern und Schiedsrichterinnen für die Mitarbeit an diesem Buchprojekt.

FANGORN Verlag
Am Herrnacker 19
D-82276 Adelshofen
☎ (0 81 46) 18 30, Fax (0 81 46) 71 04